KB076495

21세기 SF영화의 논점들

아모르문디 영화 총서 13

21세기 SF영화의 논점들

초판 1쇄 펴낸 날 2019년 6월 21일
초판 2쇄 펴낸 날 2022년 5월 30일

지은이 | 박영석
펴낸이 | 김삼수
편 집 | 신중식 · 김소라
디자인 | 최인경

펴낸곳 | 아모르문디
등 록 | 제313-2005-00087호
주 소 | 서울시 마포구 성미산로13길 87 201호
전 화 | 0505-306-3336 팩 스 | 0505-303-3334
이메일 | amormundi1@daum.net

ⓒ 박영석, 2019 Printed in Seoul, Korea

ISBN 978-89-92448-83-3   94680
ISBN 978-89-92448-37-6(세트)

※ 이 도서의 국립중앙도서관 출판예정도서목록(CIP)은 서지정보유통시스템 홈페이지
(http://seoji.nl.go.kr)와 국가자료공동목록시스템(http://www.nl.go.kr/kolisnet)에
서 이용하실 수 있습니다.(CIP제어번호: CIP2019020238)

아모르문디 영화 총서·13
Amormundi Film Books

21세기 SF영화의 논점들

박영석 지음

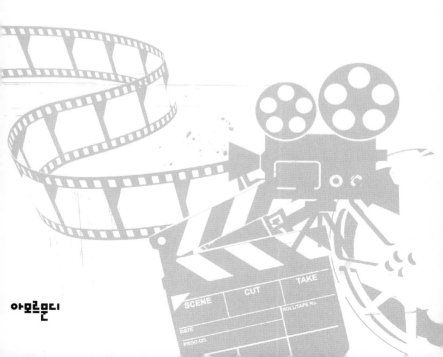

아모르문디

'아모르문디 영화 총서'를 시작하며

영화가 탄생한 것은 1895년의 일입니다. 서구에서 영화에 대한 이론적 담론은 그로부터 한참 뒤인 1960년대에야 본격화되었습니다. 한국에서는 1980년대 후반의 일이었습니다. 대학원에 영화학과가 속속 생겨나면서 영화는 비로소 학문의 영역으로 들어왔고 연구자들에 의해 외국 서적들이 번역·소개되기 시작했습니다. 1990년대 중반까지만 해도 외국어로 된 책을 가지고 동아리 모임이나 대학원에서 함께 공부하고 토론했던 기억이 새롭습니다. 매일 선배나 동료들에게 애걸복걸하며 빌리거나 재복사를 한, 화면에 비가 내리는 비디오테이프를 두세 편씩 보고서야 잠이 들고 다른 언어로 된 이론서를 탐독하며 보냈던 시절은 어느덧 지나간 듯합니다. 이제는 구할 수 없는 영화가 없고 보지 못할 영화도 없습니다. 그럼에도 오늘 한국의 영화 담론은 어쩐지 정체되어 있는 듯합니다. 영화 담론의 장은 몇몇 사람들만의 현학적인 놀이터가 되어가고 있는 느낌입니다.

최근 한국의 영화 담론은 이론적 논거는 부실한 채 인상비평만 넘쳐나고 있습니다. 전문 영화 잡지들이 쇠퇴하는 상황에서 깊이 있는 비평과 이해는 점점 더 찾아보기 어려워지고 있습니다. 대학과 현장에서 사용하는 개론서들은 너무 오래전 이야기에 머물러 있고 절판되어 찾아보기 힘든 책들도 많습니다. 인용되고 예시되는 장면도 아주 예전 영화의 장면들입니다. 영화는 눈부신 속도로 발전하고 있는데, 그에 대한 이론적 논의는 그 속도를 따라가지 못하는 형국입니다. 물론 이론적 담론이 역동적인 영화의 발전 속도를 바로바로 따라잡기란 쉽지 않은 일입니다. 그럼에도 당대의 영화 예술에 대한 깊이 있는 이해는 비평적 접근을 통해서만 가능하다고 믿습니다. 이에 뜻을 함께하는 영화 연구자들이 모여 '아모르문디 영화 총서'를 시작하고자 합니다.

'아모르문디 영화 총서'는 작지만 큰 책을 지향합니다. 책의 무게는 가볍지만 내용은 가볍지 않은 영화에 관한 담론들이 다채롭게 펼쳐질 것입니다. 또한 영화를 이미지 없이 설명하거나 스틸 사진 한두 장으로 논의하던 종래의 방식을 벗어나 일부 장면들은 동영상을 볼 수 있도록 기획하였습니다. 예시로 제시되는 영화들도 비교적 최근의 영화들로 선택했습니다. 각 권의 주제들은 독립적이면서도 서로 연관관계를 갖도록 설계했습니다. '아모르문디 영화 총서'는 큰 주제에서 작은 주제들로 심화되는 방향으로 구성되어 있습니다.

정체되어 있는 한국 영화 담론의 물꼬를 트고 보다 생산적인 논의들이 확장되고 발전하는 데 초석이 되었으면 하는 것이 '아모르문디 영화 총서'의 꿈입니다. 영화 담론의 발전이 궁극적으로 영화의 발전을 가져올 것이고 그 영화를 통해 우리의 삶이 더 풍요롭고 의미 있는 것이 되었으면 합니다.

기획위원 김윤아

들어가는 글

이 책은 21세기 SF영화의 계보를 그리는 작은 안내서입니다. SF영화의 미학적 잠재력과 과학적·사회문화적 함의에 대해 '우주', '시간', '디스토피아', '가상현실', '포스트휴먼'이라는 주제어를 중심으로 살펴봅니다.

SF는 동시대 대중영화계에서 대단한 성황을 누리고 있는 장르입니다. 세계적인 관심을 모으고 극장가를 장악하는 블록버스터급 영화들의 상당수가 직간접적으로 SF의 장르적 요소를 차용하고 있습니다. 뿐만 아니라 크고 작은 규모로 제작되는 작품 수 자체가 상당히 많습니다. 영화미학이나 시각기술 측면에서 뛰어난 예술적 성취를 보여주는 영화도 제법 있고요. 이 영화들의 문화적 파급력도 그 어느 때보다 큽니다.

영화 제작 현장과 극장가에서 드러나는 분명한 호황과는 달리, 영화 연구자들과 비평가들의 관심은 충분히 가열되지 않은 것 같습니다. SF영화의 미학적 가치와 사회문화적 함의에 대해서는 아직 충분한 비평과 이론화 작업이 이루어지지 않고 있다는 것이죠. 이를 위해 충실한 학술적 논문도 필요하고 대중과의 접점을 찾기 위한 비평서도 필요할 겁니다. 이 책은 그간 저자가 수행했던 학술적 연구를 대중에게 친숙한 언어로 풀어냄으로써 21세기 SF영화에 대한 가이드 역할을 하고자 하는 절충적 관점을 반영합니다.

일단 이 책에서 다룰 SF영화의 범주를 21세기로 정한 이유에 대해 설명하겠습니다. 첫 번째 이유는 21세기 들어 영화가 중대한 기술적 조건의 변화를 맞이했기 때문입니다. 결정적인 것은 고화질 디지털 카메라의 개발과 상용화입니다. 단순히 촬영 과정만이 아니라 편집 및 후반 작업과 상영 방식에서도 디지털의 비중이 점차 높아지더니, 지금은 거의 모든 게 디지털로 이루어지는 단계가 되었죠. 이와 함께 상승효과를 일으키며 CGI 기술이 급성장했고, (과거에도 존재했던) 3D 기술도 새로운 차원의 입체감을 제공하는 수준으로 탈바꿈했습니다. SF는 이러한 기술적 요인들의 영향을 가장 많이 받는 장르라고 해도 과언이 아닙니다. 두 번째 이유는 이 책의 목적이 SF영화에 대한 영화적·장르적 분석을 수행하는 것만은 아니기 때문입니다. 그와 더불어 각 영화들에 내재된 사회문화적 맥락들을 깊숙이 들여다보려는 목적이 있고요. 이를 위해서는 시대의 범주를 좁히고 문화사적 변화를 고려할 필요가 있는 것입니다. 이런 관점에서 새로운 밀레니엄을 맞이한 21세기야말로 가장 적합한 범주라고 판단했습니다.

첨언하자면, 이 책에서 다루는 SF영화의 범주에는 극장용 영화만이 아니라 텔레비전용 드라마, 그리고 넷플릭스와 아마존 등 VOD 스트리밍 플랫폼용으로 제작된 오리지널 콘텐츠까지 포함됩니다. 오늘날의 미디어 환경(영화 중심으로 말하자면 포스트-시네마의 시대)에서는 이러한 영상 작품들의 경계를 엄밀하게 구분하기 어려울 뿐더러 그 구분 자체가 큰 의미는 없기 때문입니다. 실제로 SF는 시리즈 형태의 제작 비중이 상당히 높은 편이고요. 그 작품들의 서사 패턴과 예술적·기술적 완성도를 고려해보면, 10시간 이상의 러닝타임을 지닌 영화에 가까워 보일 때가 많습니다.

이러한 관점에서 이 책은 다음과 같이 구성됩니다. 서론에 해당하는 1장에서는 SF영화의 장르적 정의와 구성요소 그리고 오늘날의 현황을 진단합니다. 그리고 그간 이 장르가 어떻게 발전해 왔는지, 20세기의 역사와 당시의 주요 논점들을 소개합니다. 본론에 해당하는 2장부터 6장까지는 21세기 SF영화의 전반적인 주제와 소재를 아우르는 논점들을 선정하여 각 장으로 구성합니다. 2장의 키워드는 '우주'입니다. SF영화가 매력적인 이유는 우리가 일상적으로 체험할 수 없는 시공간을 대리 체험할 수 있다는 점에 있습니다. 우주라는 상상적 공간이 CGI를 통해 어떻게 구현되는지, 그것이 인간의 삶의 조건에 어떤 영향을 주는지 알아보겠습니다. 3장의 키워드는 '시간'입니다. SF는 현재와 미래의 관계를 중요하게 다룹니다. 이때 시간이 비선형적일 수 있다는 관점과 시간여행의 가능성은 중요한 사유의 대상입니다. 인간은 시간을 여행하고 통제할 수 있을까요? 이러한 욕망은 어떤 결과를 가져올까요? 4장의 키워드는 '디스토피아'입니다. SF영화에서 미래는 대개 아포칼립스 이후 원시화된 사회, 혹은 지배층과 피지배층으로 이분화된 계급사회로 그려집니다. 미디어 테크놀로지를 활용한 감시 및 통제 구조가 일상화되기도 합니다. 이런 사회에서 인간의 조건은 어떻게 갱신될까요? 5장의 키워드는 '가상현실'

입니다. 가상현실은 대개 오락과 여가를 즐기고 판타지를 실현하는 수단으로 여겨집니다. 그러나 가상현실은 양면의 얼굴을 가지고 있습니다. 가상현실이 노동이나 고문의 형태가 되어 현실세계를 지배하는 권력으로 작동하는 경우를 살펴보겠습니다. 6장의 키워드는 '포스트휴먼'입니다. 포스트휴먼은 첨단 과학기술을 기반으로 '로봇, 안드로이드, 복제인간, 사이보그, 인공지능' 등으로 구체화되는 인공물들입니다. 그 인공성에도 불구하고 인간과 상당 부분의 유사성과 친족성을 공유하는 까닭에 인간과 비인간의 경계 그리고 인간의 조건에 대해 본질적인 질문을 제기합니다.

SF영화에서 나타나는 미래나 우주에 대한 상상에는 과학 발전에 대한 전망(기대 혹은 우려)은 물론이고 오늘날 우리 사회 구조에 대한 근본적 불안이 무의식적으로 반영되어 있는 것으로 보입니다. 이처럼 영화 속 세계를 현실에 대한 거울로서 인식한다면, 마치 과거 역사를 통해 현재의 삶의 조건을 반추하는 것과 마찬가지로, 미래에 대한 상상을 통해 더 나은 삶의 형태에 대해 고려해 볼 수 있을 것입니다.

이제 본격적으로 SF영화의 세계로, 우주로, 미래로 떠나 볼까요.

2019년 6월 박영석

차례

제1장 SF영화의 과거와 현재

1. SF영화의 기원과 조건

　SF라는 장르의 기원은 문학입니다. 'Science Fiction'이라는 용어 자체가 '과학소설'을 의미하는 것만 보아도 알 수 있죠. 우리나라에서 예전에는 SF를 '공상과학소설'이라고 번역하는 경우가 많았는데요, 근래에는 '공상'이라는 말이 왜곡된 의미를 부여할 우려가 있다는 관점에 따라 주로 '과학소설'이라고 씁니다. 그렇다면 SF영화는 '과학픽션영화'인 셈인데요. 줄여서 '과학영화'라고 써도 무방합니다. 장르영화는 대부분 픽션영화이니까요.

　오늘날 SF는 문학만이 아니라 영화, 애니메이션, 게임, 만화, 광고 등 다른 매체에까지 통용되는 일반적인 장르 용어가 되었습니다. SF라는 장르의 본질은 '과학과 테크놀로지를 기반으로 구성된 허구적 이야기'라고 할 수 있습니다. 가장 일반적인 소재와 배경은 우주와 미래이고요. 이 장르가 잠재력을 펼치게 된 요인은 실제로 우주라는 공간과 미래라는 시간에 대해 분석하고 사고할 수 있을 정도로 과학 이론과 기술이 발전했기 때문입니다. 가령 알버트 아인슈타인(Albert Einstein)의 '특수상대성이론'(1905)과 '일반상대성이론'(1916)은 과학사를 완전히 바꾼 사건이 되었죠. 테크놀로지 진보에 대한 유토피아적 전망의 팽배 그리고 냉전시기 미국과 소련이 경쟁적으로 우주 개척에 뛰어들었다는 사회적 배경의 영향도 무시할 수 없습니다. 당시 우주라는 공간에 접촉할 수 있다는 사실은 인간 문명이 진보해나가고 있음을 가리키는 증거물이었고, 우주는 곧 유토피아이자 미래 그 자체였습니다. 그런 까닭에 예술의 영역에서도 우주와 미래를 상상하는 것은 더없이 매력적인 일이었던 것입니다.

이런 상황에서 SF가 성행한 이유는 과학적 지식을 충분히 서술하고 허구적 상상력을 마음껏 펼치는 데 소설이라는 예술 형식이 가장 적합했기 때문입니다. SF의 기원적 작품들로는 19세기 쥘 베른(Jules Verne)의 『20세기 파리 Paris Au XXe Siecle』(1863, 1994년 출간)와 『지구 속 여행 Voyage au centre de la Terre』(1864) 그리고 허버트 조지 웰스(Herbert George Wells)의 『타임머신 The Time Machine』(1885)이 있습니다. 이후 20세기에는 아이작 아시모프(Isaac Asimov), 아서 클라크(Arthur Clarke), 로버트 하인라인(Robert Heinlein), 필립 딕(Philip K. Dick), 어슐러 르 귄(Ursula Le Guin), 스타니스와프 렘(Stanistaw Lem) 등 소위 '그랜드마스터'라 불린 작가들과 함께 발전하며 황금기를 누렸습니다. 가장 인기 있는 장르문학 중 하나로 두터운 마니아층을 양산했고 진지한 과학적 사고실험으로 여겨지기도 했으며, 몇몇 작품들은 탁월한 예술성을 인정받기도 했습니다.

반면 20세기 SF영화의 성장세는 문학보다는 더딘 편이었습니다. 본격적인 개별 장르로서 소비된 것이 20세기 중반부터라고 본다면 그 시기 자체도 늦은 편이고요. 〈스타트렉〉, 〈스타워즈〉, 〈혹성탈출〉, 〈에일리언〉 시리즈처럼 다수의 영화와 텔레비전 드라마로 제작되면서 대중문화의 아이콘이 된 사례가 있기는 합니다. 그러나 SF영화라는 장르 일반이 대중영화의 주류에 꾸준히 위치했다고 보기는 어려울 듯합니다. 일단 주류에서 소비되었던 작품 수 자체가 적은 편이고요. 영화사의 정전(canon)으로 여겨질 정도로 예술성을 인정받은 작품의 수도 다른 장르보다는 적은 편입니다. 주로 저예산 B급 영화가 더 많았고요. SF영화 자체가 소수의 마니아들을 위한 전유물로 여겨지기도 했습니다.

소설에 대비하여 영화가 가지고 있었던 제약은 분명합니다. 우주 공간, 외계인 그리고 미래라는 시간적 배경을 어떻게 재현할 것인가가 문제였죠. 소설은 작가의 뛰어난 상상력과 문장력만 있으면 무엇이든 쓸 수 있습니다. 영화는 감독이나 촬영감독 혹은 각본가의 능력만으로는 부족합니다. 현실에 존재하지 않는 것을 시각적 이미지로 만들어야 하니까요. 무엇보다 특수효과 기술이 반드시 요구되는 것이죠. 이는 비용의 문제와도 직결됩니다. 의심의 여지없이 〈2001 스페이스 오디세이〉, 〈스타트렉〉, 〈스타워즈〉 같은 걸작 SF영화들은 그 시대의 가장 뛰어난 특수효과 기술이 총동원된 초고예산 프로덕션의 산물이었습니다. 그래서 이 정도 규모가 못되는 일반적인 영화들은 우회적인 전략을 사용하는 경우도 많았습니다. 우주나 외계인이 등장하는 장면은 시각적 이미지로 직접 보여주지 않고 간접적으로 암시만 하는 것이죠. 그래서 어떤 영화들은 분명히 과학을 기반으로 우주나 미래라는 좌표를 설정했음에도 불구하고, 막상 영화의 주요 내러티브가 전개되는 시공간은 현실의 지표와 크게 다르지 않은 경우도 많았습니다. 요컨대 작품성을 차치하고 우주와 미래의 시각화라는 외적 측면에서만 평가한다면 SF영화는 그 기술적 조건 탓에 느리게 성장할 수밖에 없었다는 것입니다.

영화는 21세기 들어 디지털 카메라의 보급과 CGI 및 특수효과 기술의 비약적 성장과 함께 근본적인 매체적 변화를 맞이합니다. 물론 현실의 기술도 변했습니다. 실제로 과거에 SF 장르에서 상상하던 미래가 일정 부분 현실이 되기도 했고요. 특히 일상생활의 매체나 도구의 경우가 그렇죠. 하지만 20세기에 예술을 통해 상상했던 기술 발전 속도를 현실의 속도가 따라잡지는 못하는 것 같습니다. 무엇보다도 여전히 우주라는 공간이 현실적 차원으로 다가올 날은 요원하고요, 시간여행은 과학적으로 불가능해 보입니다. 그래서인지 여전히 SF적 세계를 구상할 때에는 많은 상상력이 요구됩니다. 그리고 지금의 영화 기술적 조건은 그러한 상상을 이미지로 구현하기에 충분

15

합니다. 오늘날의 영화는 과학적 이론으로는 증명 가능하지만 실제로 구현해낼 수는 없었던 부분은 물론 현재 과학적 지식으로 판별할 수 없는 미지의 영역에 대한 상상까지 시청각적 이미지로 구현할 수 있는 능력을 갖추게 되었습니다. SF의 걸작들을 이미지화할 수 있는 조건도 충분하고요.

이처럼 기술적 조건이 성숙한 단계에 이르자 근 10여 년간 동시대 SF영화는 더없이 성황을 누리고 있습니다. 거의 매년 다수의 초고예산 규모 SF영화가 제작되며 대단한 문화적 파급력을 보여주고 있죠. 아마도 앞으로의 잠재성은 근래의 성과를 넘고도 남을 것입니다. 이것이 동시대의 SF영화에 대해 끊임없이 주의를 기울이는 일이 더욱 의미 있는 이유입니다.

2. 20세기 SF영화의 역사

21세기 SF영화에 대해 체계적으로 접근하기 위해서는 우선 일종의 전사(前史)로서 20세기의 역사에 대해 알아볼 필요가 있겠습니다. SF영화는 어떻게 탄생했고 어떠한 과정을 겪으며 성장해 왔을까요?

1) 장르의 태동기: 1940년대까지

영화 장르로서 SF의 역사는 비교적 짧습니다. SF영화는 멜로드라마, 코미디, 뮤지컬, 웨스턴, 갱스터 등 할리우드 주요 장르가 미학적·산업적 체계를 확립한 이후에서야 지속적인 존재감을 드러냈습니다. 물론 최초의 SF영화라 부를 만한 영화는 초기영화 시기부터 나타나기는 했습니다만, 그것은 지속적인 흐름으로 장르 담론을 형성한 것과는 거리가 멉니다.

SF영화의 기원이 된 작품이라면 영화사 초기의 거장 조르주 멜리에스(Georges Méliès)의 대표작 〈달세계 여행 Le Voyage dans la lune〉(1902)을 떠올릴 수 있습니다. 그 당시 이 작품은 쥘 베른의 영향을 받은 멜리에스 특유의 꿈과 상상의 세계의 일환으로 여겨졌습니다. 이후 등장한 어거스트 블룸(August Blom)의 〈앤드 오브 월드 Verdens Undergang〉(1916)와 쥘 베른의 동명 소설을 각색한 스트워트 패이튼(Stuart Paton)의 〈해저 2만리 20,000 Leagues Under the Sea〉(1916)는 최초의 장편 SF영화라고 할 만합니다. 주로 대규모 재난의 발생과 괴물의 출현 그리고 이에 따른 모험을 다루었습니다.

무성영화 시기 SF영화 중 가장 중요한 작품이라면 한스 베크마이어(Hans Werckmeister) 감독의 〈알골 Algol - Tragödie der Macht〉(1920)과 프리츠 랑(Fritz Lang)의 〈메트로폴리스 Metropolis〉(1927)를 들 수 있겠습니다. 두 영화는 1920년대 가장 중요한 미학적 사조였던 독일 표현주의 스타일을 충실히 구현했습니다. 특히 잘 알려진 걸작 〈메트로폴리스〉는 대도시의 메마른 풍경과 그 도시를 작동시키는 기계장치들, 기계의 일부처럼 움직이는 노동자들, 지배층과 노동자 간의 선명한 계급 차이 등 디스토피아적 미래사회의 풍경을 세밀하게 보여주었습니다. 실제로 20세기 초반 급속한 도시화와 산업화가 이루어지고 세계를 작동시키는 동력으로써 기계의 중요성이 급진적으로 증가하던 시대적 분위기에 대한 반향을 담고 있다고 할 수 있겠습니다.

〈메트로폴리스〉는 표현주의적 미장센과 뛰어난 특수효과 기술을 활용하여 이후 수많은 SF영화에서 차용될 전형적인 주제적 요소와 시각적 도상(Icon)을 제시했습니다. 그렇지만 이때까지도 대중영화의 영역에서 SF가 단독적인 장르로서 온전히 표면화된 것은 아니었습니다. 무릇 하나의 장르가 온전히 받아들여지기 위해서는 다수의 중요한 작품들이 나오고 그에 대한 다양한 담론들이 모이는 과정이 필요한 법이니까요.

이후 SF적 요소들은 다른 장르 내에서 모습을 드러내기도 하는데요, 특히 1930년대에는 '호러'와 SF의 기괴한 혼합물들이 나타났습니다. 〈프랑켄슈타인 Frankenstein〉(1931), 〈지킬 박사와 하이드 씨 Dr. Jekyll and Mr. Hyde〉(1931), 〈투명인간 The Invisible Man〉(1933), 〈닥터 모로의 DNA Island of Lost Souls〉(1933), 〈매드 러브 Mad Love〉(1935) 등의 사례가 있습니다. 이런 영화들을 이른바 'SF 고딕'이라고 부르기도 합니다. 대체로 연금술과 마법 등 신비의 영역에 천착했지만, 한 편으로는 과학적 상상력도 분명히 자리 잡고 있습니다. 이후 SF의 전형적 캐릭터가 되는 '미친 과학자'가 주요 주인공인 것만 보아도 알 수 있죠.

1930년대에는 SF의 대표적인 하위 장르인 '스페이스 오페라Space Opera'가 등장하기도 했습니다. 〈플래시 고든 Flash

Gordon: Rocketship〉(1936), 〈벅 로저스 Buck Rogers〉(1939) 등이 대표작입니다. 스페이스 오페라는 우주선을 타고 우주라는 가상의 세계로 모험을 떠나 외계인이라는 가상의 존재들을 만나게 된다는 이야기를 기조로 둡니다. 대체로 가벼운 흥미 위주의 내용을 다룬다고 치부되었습니다. 이 시기의 영화들은 대부분 저예산 B급 영화였기 때문에 우주와 외계인의 이미지는 다소 조악한 특수효과로 구현되거나 암시적으로만 표현되곤 했습니다.

1940년대에는 제2차 세계대전의 여파로 영화계가 전반적인 암흑기를 겪게 되는데요, SF도 예외는 아니었습니다.

2) 장르의 황금기: 1950년대

SF영화는 1950년대가 되어서야 비로소 온전히 할리우드 주요 장르로 부상하여 첫 번째 황금기를 누리게 됩니다. 많은 예산을 투입한 '프레스티지prestige'급 영화들이 몇 편 만들어졌는데, 이 영화들이 작품성을 인정받고 흥행에도 성공함에 따라 SF 전반에 대한 인식이 변하게 된 것이죠. 로버트 와이즈(Robert Wise)의 〈지구 최후의 날 The Day the Earth Stood Still〉(1951), 바이론 허스킨(Byron Haskin)의 〈우주전쟁 The War of the Worlds〉(1953), 윌리엄 멘지스(William Menzies)의 〈화성에서 온 침입자 Invaders from Mars〉(1953), 잭 아놀드(Jack Arnold)의 〈아웃 스페이스 It Came from Outer Space〉(2003), 프레드 윌콕스(Fred Wilcox)의 〈금지된 세계 Forbidden

Planet〉(1956), 돈 시겔(Don Siegel)의 〈신체 강탈자의 침입 Invasion of the Body Snatchers〉(1956), 스탠리 크레이머 (Stanley Kramer)의 〈그날이 오면 On the Beach〉(1959), 조지 펄(George Pal)의 〈타임머신 The Time Machine〉(1960), 스티브 세켈리(Steve Sekely)의 〈트리피드의 날 The Day of the Triffids〉(1962) 등이 중요한 영화들의 목록입니다.

이 영화들 중에는 유독 외계인의 지구 침공을 다룬 내용이 많습니다. 이 시기에는 외계인의 침공과 그들의 압도적인 무력에 대한 공포가 만연했던 것으로 보입니다. 일반적으로 이러한 현상의 원인은 미·소 냉전이 극단화되던 시기 미국 사회의 지배 이데올로기였던 반공산주의, 즉 '매카시즘McCarthyism'의 반영이라고 봅니다. 외계인이라는 공공의 적이란 사실상 공산주의 진영에 대한 알레고리라는 것이죠. 이렇게 본다면 1950년대 SF의 황금기는 다분히 정치적인 시기였다고 할 수 있습니다.

〈지구 최후의 날〉에는 우주선과 외계인 그리고 로봇이 등장하며, 외계인의 지구 방문과 '최초의 접촉First Contact'이라는 SF 장르의 전형적인 주제를 다룹니다. 처음에 외계인은 지구 곳곳에서 벌어지는 핵무기 개발과 전쟁을 멈춰줄 것을 요청하기 위해 평화사절단으로서 방문했던 것이지만, 각국의 지도자들은 이를 곧바로 침략으로 받아들이게 됩니다. 그러자 함께 온 로봇은 지구를 무차별적으로 파괴하고 전 지구적인 전쟁의 위기를 유발하게 됩니다. 이 영화는 SF영화의 격을 한 단계 상승시켰다고 평가받았고, 2008년 스콧 데릭슨의 연출로 리메이크되기도 했습니다.

〈우주전쟁〉은 허버트 조지 웰스의 동명 소설을 영화화했는데요, 외계인(화성인)의 침공에 대한 공포를 더 직접적으로 반영한 영화입니다. 어느 날 하늘에서 괴물체가 떨어지고 그곳에서 나온 화성인들이 지체 없이 지구를 공격한다는 설정입니다. 압도적인 힘을 지닌 외계인 군대의 침공은 그야말로 절멸과 파국(아포칼립스)의 위기를 가져옵니다. 2005년에는 스티븐 스필버그 연출과 탐 크루즈 주연으로 리메이크되어 많은 인기를 누리기도 했습니다.

〈화성에서 온 침입자〉는 화성인들이 지구에 침입하며 벌어지는 일들을 한 아이를 중심으로 보여줍니다. 화성인이 텔레파시로 마음을 조종할 수 있는 능력이 있다는 게 특이점입니다. 〈아웃 스페이스〉는 외계인의 우주선이 지구에 추락하게 되고 우주선을 고치는 동안 의심을 피하고자 하는 행동들을 다룹니다. 〈화성에서 온 침입자〉와 〈아웃 스페이스〉는 당시 첨단 기술이었던 초기 3D 기술을 사용해 만들어졌습니다. 스튜디오에서도 SF영화에 상당히 많은 투자를 하기 시작했음을 알 수 있습니다.

〈신체 강탈자의 침입〉은 잭 피니(Jack Finney)의 소설 『바디 스내처 The Body Snatchers』(1955)를 각색한 영화입니다. 외계에서 날아온 꽃씨로부터 괴물이 태어나고, 그들이 인간의 신체를 복제한 후 인간을 대체한다는 내용입니다. 외계인에게 자신을 빼앗긴다는 상상은 단순히 죽임을 당한다는 설정보다 더 섬뜩하게 느껴집니다. 외부의 침입자에 대한 적대와 그것이 집단의 공포로 확산되는 과정은 반공주의 이데올로기의 발현으로 해석됩니다. 이 영화는 SF영화의 걸작으로 남았고, 이후 수차례 리메이크되면서 그 영향력을 이어나갑니다(〈우주의 침입자 Invasion of the Body Snatchers〉(1978), 〈보디 에이리언 Body Snatchers〉(1993), 〈인베이젼 The Invasion〉(2007)).

한편 지구가 파국을 맞이한 이후의 세계를 다루는 '포스트 아포칼립스Post Apocalypse' 영화들도 등장했습니다. 파국의 원인은 외계의 침략, 핵전쟁, 기후재난, 불가사의한 현상 등 다양합니다. 〈트리피드의 날〉은 포스트 아포칼립스 서사의 기념비로 평가되는 존 윈덤(John Wyndham)의 동명 소설(1951)을 각색한 영화입니다. 이 소설에 등장하는 '트리피드'라는 식물형 괴물의 형상은 〈신체 강탈자의 침입〉에도 영향을 준 것으로 보입니다. 어느 날 밤에 하늘로부터 녹색 유성우가 떨어지고 거의 모든 사람들이 그것을 불꽃축제를 즐기듯 바라봅니다. 이상하게도 그 불빛을 본 사람들은 모두 눈이 멉니다. 그 상황에서 외계로부터 떨어진 포자가 트리피드라는 육식식물로 성장하여 맹인이 된 인간들을 잡아먹기 시작합니다. 식물형 괴물의 형상이 기괴하기 그지없습니다.

〈그날이 오면〉은 핵전쟁으로 인해 파국을 맞이한 지구의 풍경을 그리는 포스트 아포칼립스 영화입니다. 잠수함 안에 있어서 핵폭발의 영향을 받지 않은 승무원들은 절멸의 땅인 줄만 알았던 호주에서 구조신호가 포착되자 그들을 구하러 갑니다. 그러나 그 땅에 남은 것은 오로지 절멸의 흔적뿐입니다. 이는 전 지구적인 핵 갈등이 심화되던 시대적 분위기에 대한 준엄한 경고였습니다.

우주와 미래의 풍경을 다룬 영화들도 있습니다. 〈타임머신〉은 SF의 기념비인 웰스의 동명 소설을 각색한 영화입니다. 수십만 년 후의 미래의 풍경이 뛰어난 프로덕션 디자인으로 구현되었습니다. 1950년대를 대표하는 또 하나의 걸작인 〈금지된 세계〉는 초광속 우주선을 타고 우주 저편의 잊힌 세계인 크렐 문명으로 모험을 떠나는 내용을 다룹니다. 스페이스 오페라의 유산을 뛰어난 작품성과 진지한 주제적 성찰로 발전시킨 영화로 평가할 만합니다. 특히 이 영화에는 인간 내면의 광기에 대한 공포, 정신과 물질의 관계에 대한 진지한 성찰이 담겨 있습니다. 인간의 정신을 구성하는 무의식의 요소인 '이드 id'에 주목하여, 비이성적이고 원시적 욕망이 실체화된 결과물인 '이드 괴물'의 형상을 구현한 것이죠. 또한 '로비 더 로봇'이라는 기념비적인 인공지능 로봇이 등장하여 많은 인기를 누리기도 했습니다. 이 영화는 우주공간, 외계 행성의 풍경, 크렐 문명의 지하 시설, 로봇과 이드 괴물의 형상을 시각적 이미지로 구현했습니다. 손으로 직접 그려 만드는 매트 페인팅과 애니메이션을 이용한 특수효과 기술, 프로덕션 디자인 측면에서 동시대 단연 돋보이는 성취라 할 만합니다.

3) 1960년대 이후의 주요 작품

이제 SF영화는 몇몇 고예산 프레스티지 영화와 다수의 저예산 B급 영화들이 공존하는 장르적 안정기에 접어들게 됩니다. 1960년대 말에는 〈2001: 스페이스 오디세이〉, 〈혹성탈출〉, 〈스타트렉〉의 드라마 버전, 그리고 1970년대 말에는 영화판 〈스타트렉〉과 〈스타워즈〉 등 SF 장르를 대표하는 굵직한 영화들과 시리즈물이 모습을 드러냈습니다. 이 작품들은 20세기 SF영화를 대표하는 기념비로 남았습니다.

스탠리 큐브릭(Stanley Kubrick)의 〈2001 스페이스 오디세이 2001: A Space Odyssey〉(1968)는 SF영화를 예술과 철학적 성찰의 경지로 끌어올린 걸작입니다. SF의 그랜드마스터라 불리는 아서 클라크가 직접 각본을 썼는데요, 그는 특이하게도 큐브릭과 의견을 교류하면서 영화 각본과 소설을 거의 동시에 집필했다고 합니다(이후 소설은 두 편의 속편이 나왔죠). 클라크는 본래 작품 내에서 과학적 설정을 강조하고 지식을 깊게 탐구하는 '하드 SF(Hard Science Fiction)' 장르를 대표하는 작가였고, 이 작품에서도 그러한 성향이 강조되었습니다. 〈2001 스페이스 오디세이〉는 사실상 최초의 하드 SF영화라고 할 수 있습니다. 이 영화에서 우주선을 타고 떠나는 여행은 기존의 스페이스 오페라에서와 같은 단순한 모험이 아닙니다. 그것은 인간 존재의 본질에 대한 철학적 성찰을 아우르는 내면의 여정에 가깝습니다. 뿐만 아니라 태곳적의 지구에서부터 머나먼 우주에서 생명의 근원을 발견하는 데까지 문명사적 궤적을 아

우르는 주제적 광대함, 인공지능 컴퓨터 '할HAL'을 캐릭터화
함으로써 생명의 본질에 대한 질문을 한층 다각적이고 심원하
게 만든 극작술, 한 편의 시각적 오페라와 같이 장엄하게 펼쳐
지는 이미지의 예술성, 동시대를 초월하는 아날로그 특수효과
기술의 정점 등 여러 측면에서 최고의 SF영화라고 할 수 있습
니다.

한편 프랭클린 샤프너(Franklin J. Schaffner)의 〈혹성탈출
Planet of the Apes〉(1968)은 인류 문명에 대한 급진적인 비판
을 담은 영화입니다. 20세기 삭막한 인간 세계에 회의를 느낀
주인공 일행은 우주선을 타고 머나먼 우주를 향해 떠났다가
3978년 어느 이름 모를 행성에 불시착하게 됩니다. 이 행성에
서는 유인원과 인간이 공생하는데, 놀랍게도 그 관계가 역전되
어 있습니다. 유인원이 문명을 이루고 사는 반면 인간들은 노
예이거나 급기야는 가축처럼 취급받습니다. 유인원이 인간보
다 우등한 존재라는 사실은 우리의 인간중심주의적 관념에 강
한 충격을 줍니다. 특히 마지막 장면에서 외계행성인 줄만 알
았던 곳이 알고 보니 먼 미래의 지구였다는 사실이 밝혀질 때
문명 비판이라는 주제는 한층 강력한 효과를 발휘합니다. 이
영화에서 유인원의 형상은 그 무엇보다 중요한 요소였는데요,
당시 최고 수준의 특수분장 기법으로 사실적 효과를 구현하여
관객의 몰입을 도왔습니다. 〈혹성탈출〉은 많은 인기를 모으면
서 1973년까지 총 5편의 영화가 연속 제작됩니다. 이후 2001
년 팀 버튼이 리메이크했고, 2010년대에는 〈혹성탈출: 진화의

시작 Rise of the Planet of the Apes〉(2011)을 시작으로 유인원의 진화 과정을 다루는 프리퀄 3부작이 제작되었습니다. 〈2001 스페이스 오디세이〉와 〈혹성탈출〉 시리즈는 지극히 디스토피아적인 우주 혹은 미래를 다룬다는 공통점이 있습니다.

〈스타트렉: 오리지널 시리즈 Star Trek: The Original Series〉 (1966~69)는 1966년에 텔레비전 드라마로 처음 방영됩니다. 극장용 영화는 꽤 오랜 시간이 지난 후에 〈스타트렉 Star Trek: The Motion Picture〉(1979)이라는 첫 작품이 나왔습니다. 〈스타트렉〉은 우주선 엔터프라이즈호 승무원들의 모험을 다루는 스페이스 오페라의 전형입니다. '커크 선장'을 비롯해서 많은 선장들이 등장했고, 벌칸 종족 '스팍'은 시리즈를 상징하는 존재가 될 만큼 특별한 인기를 누렸습니다. 〈스타트렉〉을 대표하는 것은 '워프'와 '트랜스포트'라는 가상의 기술입니다. 워프는 공간을 일그러뜨려 두 점 사이의 거리를 단축시킴으로써 초광속으로 비행하는 항법이고요, 트랜스포트는 물질(신체 포함)을 에너지 패턴으로 변환하여 전송한 후 다시 물질로 변환시켜주는 순간이동 장치입니다. 〈스타트렉〉 시리즈는 SF 역사상 가장 많은 작품 수와 대단히 충실한 마니아층을 보유하고 있습니다. 이 시리즈의 제작 연대기에는 사실상 빈틈이 없습니다. 오늘날까지 쉬지 않고 텔레비전용 드라마와 극장용 영화로 다양한 작품들이 제작되어 왔습니다. 모두 모이면 그야말로 광범위한 세계관과 고유의 우주를 구성합니다.[1]

조지 루카스(George Lucas)의 〈스타워즈 에피소드 4-새로운 희망 Star Wars〉(1977)은 SF 사상 최고의 상업적 성공을 거두었고 그 문화적 파급력은 하나의 사건이라 말해도 될 정도였습니다. 〈스타워즈〉의 인기와 함께 스페이스 오페라는 온전히 전성기를 맞이하게 됩니다. 다양한 우주 공간과 외계 종족을 구현하는 상상력과 최고의 특수효과 기술이 만들어내는 스펙타클한 우주 액션이 이 영화의 핵심적인 매력입니다. 〈스타워즈〉를 계기로 한 편의 영화를 수차례 반복해서 보려는 마니아적 관람 형태가 본격화되었고, 여름마다 초대형 예산을 투입하여 젊은층을 겨냥한 액션 지향의 블록버스터를 개봉한다는 스튜디오의 산업적 관례가 형성되기도 했습니다. 뿐만 아니라 '스타워즈' 자체가 하나의 브랜드처럼 기능하게 되었습니다. 우주선, 다스베이더, 제다이 기사, 광선검 등 다양한 인공물과 장난감이 제작되어 인기를 끌었습니다. 〈스타트렉〉과 〈스타워즈〉는 사실상 SF영화에 대한 대중적 상상의 꼭짓점에 위치해 왔습니다(이에 대해서는 2장에서 상세히 다루겠습니다).

위의 두 시리즈 외에 1970~1980년대 많은 인기를 모았던 SF영화로는 스티븐 스필버그(Steven Spielberg)의 〈미지와의 조우 Close Encounters of the Third Kind〉(1977)와 〈E.T.〉(1982), 로버트 저메키스(Robert Zemeckis)의 〈빽 투 더 퓨쳐 Back to the Future〉(1985), 리들리 스콧(Ridley Scott)의 〈에일

---

1) 〈스타트렉〉 시리즈에 대해서는 다음 연대표를 참조하세요.
https://ko.wikipedia.org/wiki/스타_트렉

리언 Alien〉(1979), 제임스 카메론(James Cameron)의 〈터미네이터 The Terminator〉(1984), 폴 버호벤(Paul Verhoeven)의 〈로보캅 RoboCop〉(1987)이 있습니다.

스필버그의 두 영화는 외계인의 지구 방문과 최초의 접촉이라는 SF의 오랜 주제를 다룹니다. 확실히 과학적 요소보다는 자유로운 상상력에 더 집중하지만, 스필버그에게는 그것이 무슨 문제가 되느냐는 식의 순수한 긍정이 있습니다. 마치 유년 시절에 밤하늘을 보며 저 하늘에 UFO와 외계인이 있을까 공상하며 꿈을 품었던 누군가의 향수를 되살리듯, 그리고 쥘 베른과 조르주 멜리에스의 꿈의 세계를 되살리듯 말이지요. 이러한 특징 덕분에 'E.T.'는 사람들에게 가장 친숙한 외계인의 형상이자 인류의 친구 같은 존재가 되었습니다. 스필버그 고유의 작가적 개성이라 할 유토피아적 상상, 낭만과 향수를 자극하는 정서는 웬만큼 이성적인 사람들조차 설득할 만한 힘을 지니고 있죠. 〈미지와의 조우〉와 〈E.T.〉가 시대를 초월하여 어린이를 위한 동화이자 어른을 위한 동화로 남아 있는 이유입니다.

〈빽 투 더 퓨쳐〉는 아마 가장 유명한 시간여행 영화일 겁니다. 평범한 고등학생 '마티'(마이클 폭스 분)는 친하게 지내던 과학자가 만든 타임머신을 타고 30년 전의 과거로 시간여행을 하게 됩니다. 젊은 시절의 부모님도 만나고 다양한 모험을 펼치며 원래 시간대로 되돌아오기 위해 고군분투하는 과정이 펼쳐집니다. 과거의 작은 변화가 현재의 역사를 바꾼다는 것이 시간과 관련된 가장 큰 주제입니다. 전반적으로 코미디적이며 낭만적인 톤을 지니고 있고 시간에 대한 진지한 성찰이 있다고 보긴 어렵지만, 시간여행이라는 소재를 대중들의 마음 속 깊이 새겨 넣은 영화임엔 분명합니다.

위의 영화들과는 달리 〈에일리언〉은 디스토피아적 세계관을 내재하고 있습니다. 1930년대 유행했던 SF 고딕의 현대판이라고 할 만합니다. 특히 H. R. 기거(H. R. Giger)가 디자인한 에일리언의 그로테스크한 형상은 우주 괴물 하면 가장 먼저 떠오르는 도상이 되었습니다. 우주선이라는 제한적 공간에서 괴물을 맞닥뜨린다는 설정은 일종의 폐소공포증을 유발합니다. 이후 괴물이 출현하는 SF 호러 영화들이 공유하는 전형적 서사 패턴입니다. 그런가 하면 에일리언에 맞서 싸우는 여전사(시고니 위버 분)의 이미지를 구축하기도 했습니다. 〈에일리언〉은 이후 많은 인기를 모으며 4편까지 제작되었고 많은 스핀오프와 아류작들을 양산했으며, 2010년대에는 스콧 감독 본인에 의해 프리퀄 시리즈로 재탄생하기도 했습니다.

〈터미네이터〉는 2029년 핵전쟁으로 잿더미가 된 세계에서 인류와 기계의 전쟁을 다룹니다. 기계들은 인간 측 지도자의 탄생 자체를 막기 위해 타임머신에 안드로이드 로봇인 터미네이터(아놀드 슈왈츠네거 분)를 태워 1984년의 LA로 보냅니다. 하지만 터미네이터는 오히려 인간의 편이 되어버리고, 이후 기계들은 더 진화된 형태의 로봇들을 보내게 되죠. 특히 〈터미네이터 2 Terminator 2: Judgment Day〉(1991)에 등장하는 악당인 액체형 로봇은 대단한 화제가 되었습니다. 이 영화는 디스토피아적 세계 내에서도 인간과 기계가 감정 교류를 하고 친구가 될 수 있다는 희망을 보여주어 많은 사람들에게 정서적 울림을 주었고, 스펙타클한 액션의 쾌감으로 이후에는 SF 액션을 대표하는 인기 시리즈물로 자리매김했습니다. 한편 〈로보캅〉에는 인간의 몸에 기계장치를 이식한 사이보그가 출현합니다. 근미래 사회에서 특정 범죄 집단이 도시를 장악하자 이들을 타도할 힘을 지닌 경찰이 필요해집니다. 로보캅은 바로 그런 힘을 지닌 슈퍼히어로입니다. 이후 〈로보캅〉 역시 인기 시리즈물이 되었습니다.

이렇게 SF영화가 굵직한 작품들 위주로 대중적 인기를 유지하고 있던 시기에, 몇몇 SF영화는 〈2001 스페이스 오디세이〉만큼이나 심오한 예술적 성취와 철학적 성찰을 보여주기도 했습니다. 바로 안드레이 타르코프스키(Andrei Tarkovsky)의 〈솔라리스 Solyaris〉(1972)와 리들리 스콧의 〈블레이드 러너 Blade Runner〉(1982)의 경우입니다. 각각 스타니스와프 렘의 『솔라리스 Solaris』(1961)와 필립 딕의 단편소설 「안드로이드는 전기양의 꿈을 꾸는가? Do Androids Dream of Electric Sheep?」(1968)를 각색한 영화들입니다. 〈솔라리스〉는 타르코프스키 고유의 시적이며 추상적인 이미지를 통해 '솔라리스'라는 불가해한 외계 바다의 성질과 인간 정신 및 물질(신체)의 관계를 사색적으로 다룹니다. 〈블레이드 러너〉는 인간과 안드로이드의 관계를 통해 생명의 본질은 어디에 있는지를 질문합니다. 당시 강렬한 문화적 흐름이었던 '사이버펑크Cyberpunk' 세계관을 내재한 작품이기도 합니다. 이 영화들에 대해서는 21세기에 등장한 리메이크 작품과 함께 상세히 다루겠습니다.

1990년대에도 사색적 태도로 의미 있는 질문을 제기한 영화들이 있습니다. 로버트 저메키스의 〈콘택트 Contact〉(1997)와 앤드류 니콜(Andrew Niccol)의 〈가타카 Gattaca〉(1997), 테리 길리엄(Terry Gilliam)의 〈12 몽키즈 Twelve Monkeys〉(1995)가 대표적입니다. 〈콘택트〉는 외계와의 접촉이라는 주제를 또다시 다뤘는데요, 이 영화가 특이한 지점은 외계인이 신호를 보내고 접촉을 해올 것이라는 여주인공(조디 포스터 분)의 믿음에 긍정적인 의미를 부여했다는 점입니다. 그리고 실제 접촉이 이뤄지고 난 후에는 외계인들이 알려준 과학지식을 이용하여 우주선을 만들고, 그것을 타고 일종의 웜홀을 통과하여 새로운 차원의 우주 행성에 도달하게 되는데요, 이 장면에서 시각적 이미지의 참신함과 CG 기술의 성취는 상당히 훌륭한 수준입니다.

한편 〈가타카〉는 유전자 DNA의 우성과 열성인자에 따라 계급이 결정되는 미래 사회의 풍경을 보여줍니다. 주인공은 태어남과 동시에 결정되어버리는 사회적 계급을 어떻게든 넘어서기 위해 다른 사람의 DNA를 도용하면서까지 처절하게 노력합니다. 이후 동시대적인 이슈로 굉장히 주목받는 '포스트휴먼Posthuman'과 관련된 의미 있는 성찰을 보여준 영화입니다. 〈12 몽키즈〉는 바이러스로 인해 절멸의 위기에 빠진 미래에서 타임머신을 개발하게 되고, 이를 통해 과거로 돌아가 바이러스 전파를 막고자 노력한다는 이야기입니다. 시간여행과 대체역사와 관련되는 중요한 작품이라고 할 수 있습니다.

3. 20세기 SF영화의 주요 논점들

지금까지 20세기 SF영화의 연대기적 역사를 살펴보았는데요, 이제 그러한 영화들에서 가장 널리 활용되었던 주제적 요소와 서사 패턴을 되짚어 보겠습니다.

일반적으로 SF라고 하면 가장 먼저 떠오르는 것은 우주와 우주선 그리고 외계인의 이미지가 아닐까 합니다. 이러한 이미지를 대변하는 하위 장르인 스페이스 오페라는 실제로 꽤 오랜 시간 동안 SF와 동의어처럼 받아들여지기도 했습니다. 스페이스 오페라는 대개 우주선, 외계인, 외계 행성, 로봇, 레이저 광선 등이 주된 시각적 도상으로 등장하고 외계 문명과 지구인들의 접촉 가능성, 우주여행, 행성 간 전쟁 등을 다룹니다. 우주를 배경으로 흥미진진한 모험 이야기가 펼쳐지며 강렬한 드라마적 갈등과 해결을 제시하는 경우가 많습니다. 〈스타트렉〉과 〈스타워즈〉는 스페이스 오페라를 상징하는 작품들입니다. 이 장르가 본래 문학으로부터 시작되었음에도 불구하고, 도리어 이 시리즈들이 문학계에 다시 영향을 주어 냉소주의와 비관론이 결합된 새로운 형태의 '포스트모던 스페이스 오페라' 등장에 일조했을 정도입니다.2)

스페이스 오페라에서 외계로의 모험은 주로 탐사와 전쟁과 식민 정복의 형태로 이루어집니다. 그리고 그 과정을 신화화하는 경향이 있습니다. 이런 점에서 스페이스 오페라는 웨스턴 장르의 변형된 형태라고 볼 수도 있습니다. 웨스턴은 인디언과의 전쟁과 정복으로 이루어졌던 서부개척과 국경의 확장(프론티어) 과정을 미국의 건국 신화로 만드는 데 일조했습니다. 스페이스 오페라는 이 개척의 방향을 미래와 외계 행성으로 넓힘으로써 우주개척에 대한 유토피아와 공명한 셈입니다.

그런가 하면 외계인의 지구 방문과 '최초의 접촉'을 다루는 영화도 많습니다. 물론 상당수의 영화에서 외계인의 방문은 일방적인 침략 전쟁의 형태로 그려지긴 합니다. 외계인이 가지고 있을 거라고 상상되는 고도의 기술 문명과 압도적인 군사력은 대중들에게 공포의 대상으로서 충분히 공감을 일으키곤 했습니다. 이런 설정은 자본주의와 공산주의라는 이데올로기 대립의 결과물이기도 했죠. 이데올로기 대립이 많이 약화된 오늘날에는 외계인의 지구 침공을 다루는 서사도 확연히 줄어든 상태입니다. 설사 외계인이 지구를 방문한다고 하더라도 그것은 주로 서사의 커다란 틀로 기능할 뿐이고요, 더 중요한 주제적 방점은 그 다음에 무슨 일들이 벌어지는가에 놓입니다.

지구 방문 서사와는 별개로 외계의 존재는 종종 완연한 괴물의 형상을 띱니다. 이 괴물은 대개 괴이한 외형을 지니고 있

---

2) 장정희, 『SF 장르의 이해』, 동인, 2016, 36~45쪽 참조.

고 극도로 흉폭하며 인간보다 월등한 힘을 지니고 있습니다. 이러한 괴물이 출현하는 영화들은 대체로 SF 호러라는 서브 장르를 구축하는 경우가 많습니다. 가장 유명한 사례는 아무래도 〈에일리언〉 시리즈입니다. 에일리언이라는 괴물이 탄생하는 근원은 검은색 유기물질입니다. 이 유기물질이 인간의 몸이라는 유기체와 만나면 에일리언의 모태가 되는 괴물이 순식간에 탄생합니다. 남성의 정자에 침투하여 여성의 몸에서 일종의 태아처럼 탄생하거나 혹은 작은 괴물의 형상으로 침투하여 인간의 육체를 숙주로 삼아 성장합니다. 외계 괴물은 우주라는 미지의 공간에 대한 근원적 공포를 투영한 상징적 존재라고 할 수 있습니다.

SF영화에서 또 하나의 주요 소재는 미래입니다. 미래에 대한 상상의 저변에는 유토피아와 디스토피아라는 대립적 관점이 있습니다. 미래에 대한 상상도 물론 흥미로운 부분이지만, 이와 관련해 더 심층적인 주제는 시간의 본질에 대한 성찰입니다. 특히 시간의 흐름에 무언가 인위적인 조작을 가할 수 있고 역사를 수정할 수 있다는 상상은 거부할 수 없는 매력으로 다가옵니다. 웰스의 『타임머신』과 동명 영화로부터 시작된 오랜 주제이지요. 타임머신이라는 시간여행 장치는 그 매혹의 핵심일 텐데요, 처음에는 판타지적 상상에 가까운 장치였지만 점차 과학적으로 구체화되는 과정을 거쳤습니다. 이제 타임머신을 어떤 형상으로 구현할 것인가, 그 기술적 원리를 어떻게 설명할 것인가는 매우 중요한 문제가 되었습니다.

시간여행은 몇 가지 관련 문제를 수반합니다. 시간여행자들에 맞서 거시적인 시간선을 지키고자 하는 세력들이 일종의 '시간 경찰'처럼 등장하기도 하고요, 시간여행으로 인해 발생하는 '역설'을 어떻게 처리할 것인지도 흥미로운 부분입니다. 이때 중요한 서사적 강조점은 역사 수정의 가능성, 즉 대체역사를 구성할 수 있는가의 문제입니다. 대체역사는 대체세계, 평행세계, 다중우주 등의 주제로 다양하게 확장됩니다.

그 외에도 사이버펑크 세계관, 지능형 기계와 관련된 주제들(로봇, 안드로이드, 복제인간, 인공지능)이 있습니다. 사이버펑크는 윌리엄 깁슨(William Gibson) 소설의 영향으로 1980년대에 유행했던 세계관인데요, 기술중심주의 유토피아에 대한 문제점을 인식하고 인간과 기술 사이의 관계를 재정립하고자 했던 시도의 일환입니다. 주로 근미래를 배경으로 생명공학기술에 기반을 둔 인간의 진화나 인간과 기계 사이의 혼종적 결합을 다룹니다. 핵심적인 문제의식은 '인간이란 무엇인가'라는 근본적 질문을 새롭게 갱신하는 것이고요, 〈블레이드 러너〉와 이 영화에 등장하는 복제인간이 대표적 사례입니다.

한편 로봇과 안드로이드 등의 지능형 기계는 스페이스 오페라 시절부터 중요한 소재였습니다. 〈금지된 세계〉의 '로비 더 로봇', 〈스타워즈〉의 'R2D2', '3PO'처럼 대중들에게 많은 인기를 누린 로봇들이 떠오릅니다. 〈터미네이터〉와 〈로보캅〉 같은 안드로이드 로봇이나 사이보그의 형상도 있고요. 〈2001 스페이스 오디세이〉의 'HAL' 같은 인공지능 컴퓨터도 있습니다. 20세기 중반까지의 SF영화에서 이러한 지능형 기계들은 곧바로 주요 주제가 되기보다는 주변적 요소들로 작용하곤 했습니다. 그러나 요즈음의 상황은 다릅니다. 오늘날 사이버펑크 세계관에서 다뤘던 질문들은 인간의 진화와 지능형 기계들의 정체성 문제와 결합되면서 '포스트휴먼'이라는 범주를 생성합니다. 포스트휴먼은 단순히 SF 장르만이 아니라 인문사회과학 및 공학의 관점에서 포괄적이며 심도 깊은 논의의 대상이 되고 있습니다.

지금까지 20세기 SF영화 장르의 역사와 주요 논점들을 살펴보았습니다. 이제 제2장부터 6장까지에 해당하는 이 책의 본론에서는 21세기 SF영화의 현주소, 그 짧으면서도 광활한 계보를 그려볼 겁니다. 각 장을 구성하는 논점들은 20세기 SF영화의 주요 주제들을 동시대의 맥락에 맞게 조정한 결과입니다. 그러한 논점들에 각각의 영화들이 어떻게 접근하는지 상세히 살피게 될 것입니다.

제2장 우주: 경이롭고 치명적인 공간

SF 장르를 구성하는 중요한 요소는 현실에서 불가능한 시공간적인 확장을 상상하는 것입니다. 이 확장은 시간적으로는 '미래'로 공간적으로는 '우주'로 향합니다. 우주는 인류가 오랜 세월 동안 밤하늘을 바라보며 꿈꿔왔던 가닿을 수 없는 이상향이었습니다. 그런데 과학이 급속도로 발전하고 우주라는 공간에 대해 예측하고 분석하는 것이 가능해지자 이제 우주는 일정 부분 현실의 문제가 됩니다. 인간이 우주에 갈 수 있으리라는 희망이 생겨납니다. 20세기 중후반 냉전시기에는 미국과 소련이 경쟁적으로 우주 개척에 뛰어들었고, 마침내 인류가 우주에 첫발을 내딛기도 했습니다. 예컨대 데이미언 셔젤 (Damien Chazelle)의 〈퍼스트맨 First Man〉(2018)을 보면 달에 첫발을 내딛기 위한 경쟁이 얼마나 치열했는지 확인할 수 있습니다.

오늘날의 상황은 이때와는 사뭇 다릅니다. 우주 연구의 성장 속도는 20세기의 기대보다 느린 편입니다. 우주에 첫발을 내딛고 수십 년이 흘렀지만, 우주는 여전히 우리에게 멀고도

먼 곳에 있습니다. 그리고 우주 개척이 인간 삶의 진보로 직결될 것이라는 생각은 이제 지나치게 순진하게 느껴집니다. 대신 좀 더 거리를 두고 객관적으로 따져볼 수 있게 된 것 같습니다. 이런 시각 덕에 우주와 외계인에 대한 상상과 이로부터 파생되는 질문은 지구 생명체들과 인간의 본질에 대한 반영적 사고와 철학적 질문으로 더 깊게 들어갈 수 있게 되었습니다.

당연하게도 동시대 SF영화 또한 이러한 사회문화적 분위기와 문제의식을 반영하고 있습니다. 또한 21세기에는 디지털 기술과 CGI의 발전 덕에 우주와 외계인의 이미지를 구현하기에 훨씬 용이해졌습니다. 이로 인해 우주는 다채로운 형상을 보유함과 동시에 심도 있는 철학적 질문을 내재하는 대상이 되었습니다. 우주는 여전히 신비와 경이의 공간이며, 치명적 매혹과 공포가 공존하는 공간입니다. 이제 설렘과 두려움을 안고 우주로 떠나 볼까요.

1. 우주 공간의 창조: 상상적 세계를 향하여

SF영화와 우주라는 키워드를 대중들에게 강렬하게 각인시킨 작품은 〈스타워즈〉와 〈스타트렉〉입니다. 두 시리즈 모두 20세기 대중문화의 아이콘이었음은 물론 오늘날에까지 그 영향력을 이어오고 있다는 공통점이 있습니다. 한 동안 휴지기에 있었던 〈스타워즈〉 시리즈는 2000년대를 맞이하며 오리지널(에피소드 4~6)의 프리퀄에 해당하는 에피소드 1~3편과 함께 다시 대중적 관심의 한복판으로 떠오릅니다. 2010년대에는 시퀄 시리즈(에피소드 7~9, 에피소드 9는 제작 중)와 스핀오프라고 할 수 있는 〈로그 원〉 시리즈가 활발히 제작되고 있습니다.

〈스타워즈〉 시리즈의 장르적 외관은 한결같습니다. 오프닝과 함께 등장하는 '오래 전 머나 먼 은하계에…'로 시작되는 특유의 자막은 이 시리즈의 배경이 우리가 현실적으로 가늠할 수 있는 우주와 미래가 아니라는 점을 분명히 드러냅니다. 우주선을 타고 우주 전역을 돌아다니고, 원거리 이동을 할 때는 우주선에 장착된 워프 기능을 통해 도약할 수 있으며, 레이저 한 방에 행성 자체를 폭파할 수 있는 기술이 있습니다. 이 시리즈의 감독이나 제작자는 이러한 기술의 과학적 구현 가능성에 대해서는 별 관심이 없습니다. 관객들도 이 시리즈의 장르적 규약에 익숙해서 아무도 의문을 제기하지 않죠. 〈스타워즈〉의 미래와 우주는 픽션의 영역이 지극히 강조된, 거의 판타지에 가까워 보이는 세계입니다. 아마도 신화적 미래라는 표현이 적합할 듯합니다. 마치 신화적 역사를 다루는 웨스턴 영화에서 '옛날 옛적 어딘가에…'라는 표현을 쓰는 것처럼 말이죠. 〈스타워즈〉를 스페이스 오페라의 대표작이라고 칭하는 이유입니다.

이 우주의 풍경은 최첨단 기술로 만들어진 세계에서부터 (지구로 치자면) 태곳적 원시적 풍경처럼 보이는 자연적 세계까지 다양한 범주를 포괄합니다. 예컨대 에피소드 1~3에 등장하는 '제다이' 본부처럼 초고층빌딩의 거대한 그물망인 첨단 행성도 있고, '루크 스카이워커'가 성장한 혹성 '타투이'처럼 대부분의 지역이 황폐한 사막인 전근대적인 세계도 있으며, '나부' 행성처럼 아름답고 이색적인 자연 환경과 첨단의 기술적 장치들이 공존하는 세계도 있습니다. 〈스타워즈〉는 초자연적 힘인 '포스'의 존재를 다루기 때문에 제다이 '요다'의 은둔지처럼 원시적 풍경이 지니는 물활론(애니미즘)적 요소도 상당히 중요하다고 할 수 있습니다.

첨단 기술력을 상징하는 우주선의 양상 또한 제국의 절대적 파괴 무기인 '데스 스타'처럼 행성 규모의 최첨단 우주선에서부터 한 솔로가 타고 다니는 낡은 우주선까지 다양합니다. 외계인이 종류도 굉장히 많죠. 인간과 비슷하게 생긴 종족, 우리 눈에 동물처럼 보이는 '츄바카' 같은 종족, 괴물처럼 보이는 종족이 공존합니다. 이처럼 우주라는 상상적 세계는 그야말로 다채로운 빛깔을 내뿜으며 우리의 상상력을 만족시켜 줍니다.

한편 수많은 영화와 드라마를 양산했던 〈스타트렉〉도 21세기 들어 새로운 시리즈로 그 탄탄한 세계관과 영향력을 이어가고 있습니다. 〈스타트렉: 더 비기닝 Star Trek〉(2009), 〈스타트렉 다크니스 Star Trek Into Darkness〉(2013), 〈스타트렉 비욘드 Star Trek Beyond〉(2016)라는 세 편의 영화와 〈스타트렉: 디스커버리 Star Trek: Discovery〉(시즌 1~2, 2018~19)라는 드라마가 제작되었습니다. 이러한 〈스타트렉〉 시리즈 역시 오리지널의 세계관을 그대로 계승한 채, 한층 발전된 CGI를 통해 환상적인 우주 세계를 체험하게 해줍니다. 우주연합의 화려한 도시와 클링온들의 쇠락하고 야만적인 도시, 벌칸이라는 이색적인 행성의 풍경이 오리지널 시리즈보다 훨씬 현란한 이미지로 등장합니다. 이를테면 〈스타트렉 다크니스〉의 오프닝에 등장하는 이색적인 원시 부족의 형상은 CGI 효과를 매우 잘 구현한 사례입니다. 원시 부족의 새하얀 육체와 빨간색 나무들의 강렬한 색채 대비가 잔상을 남깁니다. 한편 〈스타트렉: 디스커버리〉에서는 우주 전역에 퍼진 버섯 균사인 포자(spore) 네트워크를 통해 우주 반대편까지 공간을 도약하여 순간 이동하는 새로운 항법이 등장했고요, 평행우주와 타임루프 상황을 구성하여 흥미를 돋우기도 했습니다.

뤽 베송(Luc Besson)의 〈발레리안: 천 개 행성의 도시 Valerian and the City of a Thousand Planets〉(2017)는 천 개 행성의 도시라는 제목답게 수천종의 외계 종족이 평화롭게 살고 있는 28세기의 우주를 배경으로 둡니다. 예를 들어 서사적으로 가장 중요한 장치인 '컨버터'를 사용하는 행성인 '뮐'은 풍요롭고 아름다운 대자연이 펼쳐져 있는 곳인데요, 그럼에도 지구의 자연과는 완연히 다른 신비로운 환경을 가지고 있습니다. 광활한 사막에서 가상현실을 통해 거대한 상업도시로 변모하는 '빅 마켓'이나 어둡고 축축한 습기가 가득한 행성까지, 근래에 등장한 SF영화 중 가장 다채로운 우주 행성의 풍경과 우주인들의 형상을 보여준 사례입니다. 우주적 상상력과 CGI의 성취 면에서 탁월한 영화인데요, 너무 다채로운 이미지를 제공하는 나머지 서사조차도 다소 산만한 것이 아쉬운 점입니다.

무(無)에서부터 무언가를 상상한다는 것은 언제나 쉽지 않은 일입니다. 그래서인지 우주 행성에 대한 상상에 이색적인 지구의 풍경을 반영하는 것은 자연스러운 일처럼 여겨집니다. 그러면서도 얼마든지 신비로운 상상적 세계라는 느낌을 제공할 수 있다면 말이지요. 예컨대 제임스 카메론의 〈아바타 Avatar〉(2009)에 등장하는 '판도라' 행성은 중국 '장가계'를 모델로 삼아 구현했다고 알려져 있습니다. 원시적이면서도 신비로운 이 지형의 모델이 지구상에 존재한다는 것 자체가 이채로운 일입니다만, 사실 〈아바타〉의 풍경이 우리의 우주적 상상을 온전히 만족시킨 데에는 CGI의 힘이 더 컸다고 할 수 있습니다.

〈아바타〉는 단순히 신비로운 행성의 이미지만을 보여준 것이 아닙니다. 유기체로서의 행성이라는 새로운 개념을 제시합니다. 나비족은 하나의 거대한 유기체처럼 공통의 감각과 의식과 기억을 공유할 수 있습니다. 거대한 나무와 동식물들을 비롯한 대지 전체가 하나의 유기체처럼 서로 연결되어 있고, 그 속에서 모든 생명이 커다란 하모니를 이루며 살아가는 것입니다. 가령 지구인들의 침공으로 행성이 파괴될 위기에 처하자 거대한 동물들이 나비족을 도우러 오는 것처럼 말이죠. 물론 이러한 유기체로서의 행성이라는 개념이 완전히 새로운 것은 아닙니다. 판도라 행성 그리고 나비족의 형상과 성질은 아시모프의 SF소설 『파운데이션 Foundation』 시리즈에 등장하는 '가이아 공동체'와 닮았습니다. 글로 서술되었던 것이 약간의 상상적 변형과 함께 신비로운 시청각적 이미지로 재현된 것이지요.

그 외에도 지구처럼 보이지 않는 독특한 자연 지형을 발견하여 그곳에서 로케이션 촬영을 한 후 CGI를 통해 외계 행성의 풍경으로 구현하는 사례는 꽤 많습니다. 크리스토퍼 놀란(Christopher Nolan)의 〈인터스텔라 Interstellar〉(2014)에 등장하는 얼음행성 그리고 리들리 스콧의 〈프로메테우스 Prometheus〉(2012)의 태곳적 지구와 외계행성은 아이슬란드에서 촬영했고요, 〈마션 The Martian〉(2015)의 화성은 요르단 사막에서 촬영하여 CGI를 덧붙인 결과물입니다. 그럼에도 이 영화들의 풍경은 새로운 상상적 우주 공간을 원하는 관객들의 기대에 무리 없이 부합합니다. 이처럼 영화에서 상상되는 우주는 완전히 새로운 세계일 수도 있고 현실과 과학이라는 지표를 가지고 있을 때도 있습니다. 이제 후자의 경우를 더 상세히 살펴볼까요.

2. 우주 재현의 테크놀로지와 시청각 체험 : 〈인터스텔라〉와 〈그래비티〉

우주를 상상하고 이미지로 구현할 때에는 과학과 테크놀로지의 역할이 중요합니다. SF영화에서 다루는 우주의 특성이 과학적으로 규명될 수 있거나 혹은 최소한 잠재성과 실현가능성 측면에서 과학적 상상의 범주 내에 있는 경우에는 더 그러합니다. 대개는 이런 경우를 '하드 SF'라 규정하죠. 영화의 큰 틀을 설정할 때 과학을 중시한다면, 당연히 세부적인 이미지를 구현할 때에도 과학의 문제를 고려하지 않을 수 없을 겁니다. 예컨대 우주의 고유한 특징인 무중력 상태와 그곳에서 인간의 운동성을 어떻게 보여줄 것인가, 혹은 중력과 시간의 상대성을 어떻게 보여줄 것인가의 문제가 있습니다. 이 경우 현실적인 이미지를 구현하기 위해서는 테크놀로지의 역할이 필요한 것이죠. 이러한 양상을 살펴볼 수 있는 영화로는 크리스토퍼 놀란의 〈인터스텔라〉와 알폰소 쿠아론(Alfonso Cuaron)의 〈그래비티 Gravity〉(2013)가 있습니다.

〈인터스텔라〉는 우주에 존재한다고 알려진 특별한 중력 현상을 다룹니다. 아인슈타인의 상대성 이론을 중심으로 중력과 시간의 관계를 탐구하고, 그 가운데 '블랙홀'과 '웜홀' 그리고 '다차원' 세계의 존재 가능성을 이미지로 구현합니다. 이런 것들은 우주하면 떠오르는 대표적인 현상들입니다. 과거에는 상상의 층위에 있었지만, 지금은 그 존재 가능성이 상당 부분 이론적으로 증명되었다고 하는군요. 놀란 감독은 이 영화에서 상대성을 하나의 캐릭터라고 간주했다고 합니다. 이 캐릭터를 이미지로 구현하고자 할 때마다 그 과학적 근거가 타당한지 구체적으로 확인했다고 합니다. 세계적인 물리학자 킵 손(Kip S. Thorne)이 영화 제작과정 전체에 참여하여 과학적 검증을 담당했습니다. 손은 웜홀의 존재 가능성을 이론적으로 증명하는 논문을 발표한 바 있습니다.

웜홀은 우리에게 비교적 생소한 소재입니다. 그래서인지 영화 속 인물이 웜홀의 과학적 원리와 실질적 효과에 대해 그림을 그려가며 설명해주기도 합니다. 멀리 떨어진 두 공간 사이어딘가에 강력한 중력장(웜홀)이 형성되면 그 지점을 중심으로 두 공간이 마치 종이처럼 접히게 되고, 그 순간 웜홀을 통과하면 두 공간 사이를 가로지를 수 있다는 것이죠. 즉 우주 반대편의 공간으로 도약하듯 이동할 수 있습니다. 영화 제작팀은 웜홀을 어떻게 구현할 것인지 엄밀한 과학적 검증을 거쳤고, 결과적으로 웜홀을 통과하는 순간은 경이로운 CGI로 구현되었습니다. 이를 〈스타워즈〉나 〈스타트렉〉에서 먼 공간으로 이동하기 위해 우주선의 '워프' 기능을 사용하는 것과 비교해 볼수 있을 겁니다. 워프가 상상의 산물이라면 웜홀은 과학적 검증의 결과물인 셈이죠.

블랙홀은 그간 우주의 신비를 상징하는 것으로 여겨졌고, SF에서도 중요한 소재였습니다. 블랙홀은 1915년 아인슈타인이상대성이론을 통해 개념화한 현상입니다. 그리고 2019년 4월에는 과학사 최초로 전파망원경을 통해 실제 블랙홀 관측에 성공하는 역사적 사건이 있었습니다. 그야말로 그 실존이 증명된것이죠. 블랙홀은 모든 것을 빨아들이는 강력한 중력장이므로, 우리는 블랙홀을 두려워하지 않을 수 없습니다. 그럼에도 불구하고 한 편으로는 그 안에 무엇이 있을지 참으로 궁금합니다. 블랙홀의 중핵에는 무엇이 있을까요? 그저 절대적 무(無)가 있을 뿐인 걸까요? 우리는 영원히 확인할 수 없을 겁니다. 그렇기에 블랙홀 내부로 빨려들어가 그 심층적 지점에 다다르자 다차

〈인터스텔라〉 블랙홀의 형상

원적 공간에 접속하게 된다는 〈인터스텔라〉의 상상은 가슴을 두근거리게 합니다. 일관적인 방향성이 없는 큐브들이 겹겹이 포개져 있는 다차원 공간의 형상도 그러하고요. 그곳에서 결국 사랑이라는 인류애적 가치를 발견하는 것은 다소 급작스런 전환처럼 보이긴 합니다. 다차원 공간과 관련된 좀 더 과학적인 이야기 거리가 있지 않았을까 싶은 아쉬움이 남습니다. 그렇지만 이 정도 성과만으로도 〈인터스텔라〉는 '하드 SF'를 대표하는 영화로 꽤 오랫동안 언급될 것으로 보입니다.

〈그래비티〉는 우주에서 중력과 운동성의 관계를 정교하고 사실적으로 보여줍니다. 가장 먼저 지각되는 특징은 우주라는 무중력 공간에서 인간의 운동은 대단히 느리게 보인다는 겁니다. 예를 들어 이 영화의 오프닝 장면을 살펴볼까요. 롱테이크로 촬영한 이 장면은 지구 표면과 우주 공간을 함께 포착한 풍경 이미지로 시작합니다. 약간의 시간이 흐르자 우주선이 저 멀리 원경에서부터 작은 점처럼 보이기 시작하며 느릿느릿하게 카메라를 향해 다가옵니다. 시간이 더 흐르면 우주선보다 더 작은 물체가 있음이 드러납니다. '맷 코왈스키'(조지 클루니 분) 박사가 1인용 추진기를 타고 서서히 다가오는 것이죠. 추진기에 의지하여 무중력 상태를 유영하는 코왈스키의 움직임은 광활한 우주에 비교하자면 너무도 작고 사소합니다. 그러니 느리게 보이는 것도 당연합니다.

이 영화에서 파괴적인 위성 파편을 제외한 모든 물체는 그렇게 느리게 움직입니다. 카메라는 롱테이크 촬영을 통해 영화 플롯의 시간과 스토리 시간을 일치시킵니다. 이러한 리얼타임 효과는 느림의 감각을 강화합니다. 이 속도는 결국 상대적인 것입니다. 우주의 광활함에 비해 인간의 운동이 사소한 것이고요. 카메라와 인물의 거리가 가까울 때는 빠르게 느껴지며, 멀어지면 느리게 느껴지는 겁니다. 이 영화에서 카메라는 그 무엇에도 속박되지 않는 것처럼 자유롭게 운동합니다. 때로는 인물들의 몸에 바짝 붙어 함께 움직이고, 때로는 그들 사이를 가로지르며, 때로는 가만히 멈춰 서서 그들을 바라봅니다. 이처럼 인물과 카메라의 움직임이 적절히 교차하면서 무중력 상태에서의 시간성과 운동성을 표현하는 것입니다.

무중력 상태에서 발생하는 또 하나의 중요한 특징은 하나의 신체나 물체에 인위적인 힘이 가해져 특정 방향으로 운동이 시작되고 나면, 인간의 힘만으로는 그 운동 방향을 바꿀 수

〈그래비티〉 스톤과 코왈스키

없다는 점입니다. 기계장치의 인위적인 힘으로 그 운동을 거스르지 않는 한 말이지요. 이게 얼마나 무서운 일인지는 〈그래비티〉의 재난 장면을 보면 잘 드러납니다. 인공위성의 파편이 날아오는 재난이 일어나고, '라이언 스톤'(산드라 블록 분) 박사가 표류하다가 구조되는 과정을 상세히 살펴봅시다.

우주정거장이 파괴되고 스톤 박사는 그 충격파에 의해 튕겨져서 우주 저편으로 나아가게 됩니다. 스톤 박사는 어떠한 장비도 없고 인위적인 추진력도 발휘할 수 없는 상태라서 빙글빙글 돌아가며 나아가는 자신의 신체를 제어할 수 없습니다. 이때 카메라는 처음에는 스톤의 몸에 동기화되어 함께 움직입니다. 화면은 스톤의 시점처럼 같이 빙글빙글 돌아갑니다. 몸이 도는 게 아니라 세상이 도는 것처럼 보이죠. 잠시 후 스톤이 자신의 몸에 붙어 있던 기둥을 힘겹게 떼어내자, 카메라는 갑자기 멈추더니 우주 저편으로 사라져가는 그녀를 무심

하게 바라봅니다.

약간의 시간이 흐르고 장면이 전환되자, 이제 스톤은 카메라를 향해 다가오고 있습니다. 스톤의 운동 방향이 바뀐 게 아니라 카메라의 위치가 그녀를 기준으로 정반대로 바뀐 겁니다. 이 전환은 무중력 상태에서는 상하좌우라는 방향이 없다는 사실을 환기시킵니다. 지구에서처럼 중력이 작용하는 기준점이 없으니 당연한 것이죠. 이때 카메라는 다시 빙글빙글 도는 스톤을 향해 다가갑니다. 인물과 카메라의 거리가 가까워지자 운동성도 동기화되며 다시 세상이 돌아가는 착시가 생깁니다. 카메라는 스톤에게 밀착하다가 놀랍게도 헬멧의 유리막을 뚫고 들어갑니다.(카메라가 유리막을 뚫고 들어가는 것은 CGI가 없다면 물리적으로는 불가능한 일이죠!) 그리고 빙그르르 돌더니 그녀의 1인칭 시점을 구현합니다. 잠시 후 카메라는 헬멧을 다시 빠져나와 그녀를 비추며 가만히 멈춰버립니다. 어떻게든 통신을 하려는 스톤의 절박한 시도는 계속 실패하고 그녀는 우주 저편으로 멀어져갑니다. 그 운동은 절대적 무(無)의 공간인 우주를 향한 죽음의 운동입니다. 카메라는 사실상 그 죽음을 방치하듯이 응시합니다.

잠시 절대적 적막이 흐르고 프레임에서 스톤의 모습이 거의 사라지려고 할 즈음에, 갑자기 코왈스키로부터 통신이 연결됩니다. 그 순간 카메라는 마법을 부립니다. 우리의 눈에는 잘 지각되지 않지만, 커트를 하면서 카메라의 위치가 다시 정반대 방향으로 변한 겁니다. 그러자 프레임의 원경 저편으로 서서히 멀어져가던 스톤이 이제 근경 방향을 향해 다가오게 됩니다. 이제 카메라는 다시 그녀를 포획하는 것이고, 그럼으로써 이 운동은 생명의 운동이 됩니다. 이처럼 〈그래비티〉는 인물과 카메라의 운동, 그리고 그 둘 사이의 위치와 거리를 정교하게 설계함으로써 우주라는 무중력 공간의 특징을 훌륭하게 표현합니다. 뿐만 아니라 이것은 사실상 삶과 죽음의 기로에 놓인 인물들의 서사적 상황과도 정확히 조응합니다.

〈그래비티〉에서 우리는 마치 직접 우주 공간을 유영하거나 표류하는 것처럼 느낍니다. 실제 무중력을 체험하는 것 같죠. 이러한 일이 가능했던 것은 우선 3D와 CGI 효과가 뛰어나게 구현되었기 때문이지만 그것만이 전부는 아닙니다. 더 근본적인 이유는 이 영화 촬영과정에서 사용된 여러 가지 첨단 기술 장치의 사용 덕분입니다.

이 영화의 제작과정은 실로 놀랍습니다. 영화 시나리오가 완성되고 제작팀이 1차적으로 한 일은 시나리오를 완벽하게 구현하는 사전 시각화 애니메이션을 만드는 일이었습니다. 이 영상을 통해 인물과 카메라의 운동, 인물의 대사와 감정표현의 타이밍, 조명까지 모든 것이 완벽하게 미리 설계되었습니다. 그리고 이후의 작업은 이 영상과 똑같은 실사 이미지를 만드는 것이 전부입니다. 실제 배우의 얼굴과 신체를 통해 애니메이션을 그대로 재연한 후 거기에 최상의 CGI를 덧붙여 현실 효과를 부여하는 겁니다. 스톤 박사를 연기한 배우 산드라 블록은 조명과 배경화면의 역할을 수행하는 직사각형의 LED

라이트 박스에 들어가서 3차원 방향으로 움직
이는 장치에 탑승한 채 연기를 펼치며, 로봇
팔에 장착된 카메라가 그것을 촬영합니다. 각
각의 장치들은 컴퓨터 프로그래밍으로 설계된
알고리듬에 의해 움직입니다. 약간의 오차도
생겨서는 안 되는 복합적인 작업입니다.

〈그래비티〉
제작과정 영상

　〈그래비티〉에서 첨단의 기술력은 우주라는 무중력 공간을
구현하는 데 훌륭한 역할을 수행했습니다. 최근 중국에서 제
작한 SF영화 〈유랑지구 The Wandering Earth〉(2019)에는 명
백하게 〈그래비티〉를 오마주한 우주정거장 장면이 있습니다.
이 장면의 CGI도 꽤 훌륭한 편이긴 합니다만 무중력 공간에
서의 운동성을 구현하는 데에는 분명한 한계를 보입니다. 이
는 오히려 〈그래비티〉에서 사용된 특별한 장치들이 얼마나 효
과적인 것이었는지 반증하는 사례가 되었습니다. 〈그래비티〉
는 분명히 21세기 SF영화의 기념비입니다. 아마도 우주 공간
에 대해 이토록 사실적인 체험 효과를 제공하는 영화는 당분
간 보기 어려울 겁니다.

3. 삶의 터전으로서의 우주

　인간은 아직까지 우주의 무중력과 무산소를 완전히 극복하
지 못했습니다. 우리의 과학 기술은 우주에서 매우 제한적인
생존 환경만을 제공합니다. 그러므로 우주에서 인간의 최우선

과제는 생존입니다. 이를 반영하여 많은 SF영화들이 우주에서의 생존의 문제를 다룹니다.

〈그래비티〉는 우주가 인간이 생존하기에 치명적인 위험성을 지닌 공간이라는 사실을 명확히 보여줍니다. 중력이 없기 때문에 우주선이나 추진기가 없다면 자기가 마음먹은 방향으로 움직일 수 없습니다. 실제로 코왈스키 박사는 그런 식으로 우주 저편으로 멀어져 갑니다. 우주를 떠다니다가 산소가 떨어지면 죽을 테고, 그의 시체는 회수될 수도 없을 겁니다. 우주에서는 산소통의 산소가 떨어지거나 헬멧의 유리에 작은 틈이라도 생긴다면 곧바로 죽음을 맞이하게 되죠. 이 영화에서 헬멧을 뚫고 들어가는 쇼트를 구성하면서까지 투명한 막을 중요하게 보여준 것은 그런 까닭입니다. 헬멧은 생명의 막인 셈이니까요.

이 영화에서 인물들에게 중요한 생존 조건이 되는 것은 산소 외에도 더 있습니다. 물리적으로는 대지가 필요하고 정서적으로는 소통이 필요합니다. 우주는 절대적인 고립의 장소입니다. 무한히 펼쳐진 우주 공간에서 인간의 몸은 무기력한 먼지와도 같습니다. 거대한 우주복과 헬멧은 한 편으로는 생명의 막이지만 다른 한 편으로는 인간의 고립을 강화시킵니다. 생존만을 위해 디자인된 이 우주복을 입으면 개인의 개성은 의미가 퇴색되고 성별도 무색해집니다. 이 상태에서는 직접적인 신체적 접촉도 어렵습니다. 서로의 온기를 느낄 수 없습니다. 우주에서 일하는 작업자들이 인간다운 생활을 유지하기 위해서는 소통이 필요한데, 가능한 것은 대화를 통한 소통뿐입니다. 이를 드러내기 위함인지, 이 영화는 우주의 절대적 적막과 코왈스키 박사의 수다를 대조하듯 들려줍니다. 우주 저편으로 멀어져 죽을 위기에 처했던 스톤 박사가 생존의 가능성을 되찾는 것도 코왈스키와의 통신이 복구되었을 때죠. 스톤은 소유즈에 홀로 탑승하여 죽음을 예감하고 있다가 라디오에서 들려오는 인간의 말소리를 듣고 눈물을 흘리기도 합니다. 요컨대 대화와 소통은 인간다움을 구성하는 핵심 조건입니다.

영화 마지막 장면에서 지구에 불시착한 스톤 박사가 땅을 딛고 일어서는 모습을 떠올려 봅시다. 이 모습은 우주 공간에서 추진력을 잃고 표류하는 인물들의 모습과 대조를 이룹니다. 지구에는 인간의 몸을 지탱하는 대지가 있고 중력도 있습니다. 평소에는 너무 당연하게 느끼는 것들이지만 스톤에겐 절실한 생존 조건으로 느껴질 겁니다. 그녀는 힘겹게 몸을 일으켜 땅을 딛고 일어서고, 카메라는 그 모습을 올려다봅니다. 그것은 마치 인류가 진화하여 처음으로 두 발로 걷기 시작했을 때를 묘사하는 것처럼 장엄하게 연출되었습니다. 〈그래비티〉에서 우주 개척에 대한 유토피아는 인물들의 처절한 생존 투쟁과 함께 산산이 부서집니다. 무릇 인간이란 지구라는 땅이 있어야만 온전히 생존할 수 있음을 되새기게 됩니다. 철학자 하이데거가 '인간은 세계-내-존재이다'라고 말한 것처럼, 인간이 인간으로 존재하기 위해서는 세계 내에 있어야 합니다. 그리고 그 세계는 대지라는 기반 위에서 사람들 사이의 소통에 의해 구성되는 것입니다.[3]

우주 공간에서 인간은 세계라는 존재의 기반을 상실합니다. 그렇다면 다른 행성이라면 어떨까요? 이 드넓은 우주에 인간이 생존할 수 있는 다른 행성이 존재할까요? 많은 사람들이 궁금해 할 문제겠죠. 이러한 궁금증을 다루는 SF영화들도 많습니다. 우선 조금이나마 친숙한 행성을 다루는 영화를 살펴볼까요. 태양계 내에서 인간이 생존할 수 있는 가능성이 가장 높은 행성은 화성으로 알려져 있습니다. 그래서인지 화성은 SF의 흔한 배경이 되어왔습니다. 가령 필립 딕의 소설에서 인간은 화성을 개척하는 데 성공합니다. 지구인의 일부가 넘어와 거주하지만 그 생활환경이 그다지 좋다고 보긴 어렵습니다. 특히 행성 대부분이 사막 지대이니 물이 절대적으로 부족한 것은 물론이고 모래 폭풍이 심해서 주로 지하에 거주해야 합니다.

리들리 스콧의 〈마션〉(2015)은 화성에서의 생존 문제를 세밀하게 다룬 영화입니다. 앤디 위어(Andy Weir)의 동명 소설을 충실히 각색했죠. 화성에서 연구를 수행하다가 사고로 인해 홀로 남겨진 과학자 '마크'(맷 데이먼 분)의 생존의 여정을 마치 생존일지를 쓰듯 상세히 묘사했습니다. 이 영화에 구현된 화성의 풍경은 아주 단순합니다. 끝없이 펼쳐진 붉은 사막과 황량한 돌산들, 가끔씩 불어오는 광폭한 모래폭풍이 있는 곳입니다. 지구의 사막과 유사하지만 훨씬 더 척박합니다. 실제로 이 풍경은 요르단 사막에서 촬영하여 CGI를 덧붙인 결

---

3) 이진경, "다시 땅에 발을 딛다", 《씨네21》 No.928 참조.

과물입니다. 생존의 조건도 분명합니다. 탐사기지에 머무르면 살고 밖에 나가면 위험에 노출되는 것이죠. 탐사차량을 타고 이동해야 하며, 사막에서는 우주복을 입고서도 짧은 순간만 버틸 수 있습니다. 탐사기지의 자원도 한정되어 있어서, 마크는 화성에 남겨지고 오래지 않아 생존의 위기에 처합니다. 자신이 아는 과학적 지식을 총동원하여 식물을 재배하고 식수를 만들어내서 지구의 구조팀이 올 때까지 버티는 데 성공합니다. 이는 거의 기적처럼 여겨지는데, 그만큼 화성에서의 생존이 어렵다는 사실의 반증입니다.

한편 〈인터스텔라〉에는 태양계 밖 저 멀리에 존재할 것이라 상상되는 새로운 행성들이 등장합니다. '밀러' 행성은 행성 전체가 바다인 것으로 보입니다. 다행히 수면이 얕아서 일단 잠시나마 머무를 수 있을 것처럼 보이지만, 알고 보면 일정 간격으로 거대한 파도가 발생하여 모든 것을 집어삼키는 무시무시한 행성입니다. 심지어 이 행성은 강력한 중력장의 영향을 받습니다. 이 행성에 불과 몇 분 머무른 사이에 인터스텔라호와 지구에서는 수십 년의 시간이 흘러가 버립니다. 중력과 시간의 무시무시한 상대성을 보여주는 사례입니다. 반면 '만' 행성은 거대한 얼음으로 이루어져 있습니다. 지구의 북극이나 남극의 풍경을 닮기는 했지만 이 행성 또한 인간이 거주하기에 부적합한 것으로 드러납니다. 이 행성들의 풍경은 외계 행성에 대한 우리의 상상력을 일정 부분 만족시켜주면서, 그와 동시에 우주 행성 개척에 대한 인간의 유토피아를 파괴합니다.

드라마 〈로스트 인 스페이스 Lost in Space〉(시즌 1, 2018) 또한 외계 행성에 불시착한 가족의 생존 투쟁을 다루는 작품이니 함께 참조할 만합니다.

〈인터스텔라〉의 경우처럼 인류가 새로운 행성을 개척하려고 시도하는 이유는 대개 지구의 자연환경이 변화하여 인류가 생존의 위기에 빠지기 때문입니다. 이와 같은 상황에서 〈유랑지구〉는 일종의 역발상을 보여줍니다. 새로운 행성을 찾는 대신 지구 자체를 새로운 태양계로 옮긴다는 겁니다. 지구에 수천 개의 추진엔진을 설치하여 공전과 자전을 멈추게 만든 후 지구 자체를 우주선 삼아 날아가는 거죠. 지상은 얼어붙고 대부분의 인구는 지하에서 생존합니다. 적절한 태양빛을 지닌 장소에 안착하는 게 목표인데요, 2500년의 시간이 소요된다고 합니다. 중력의 문제가 고려되지 않는 등 과학적 허점이 많아 보입니다만, 그럼에도 흥미로운 상상이긴 합니다.

한편 스티븐 소더버그의 〈솔라리스 Solaris〉(2003)는 외계 행성의 특성을 철학적 사유의 대상으로 삼은 영화입니다. 본래 솔라리스는 스타니스와프 렘의 걸작 SF소설입니다. 안드레이 타르코프스키의 동명 영화로도 유명하죠. 이 작품들에서 '솔라리스' 행성은 불가해하고 신비스러운 현상을 발생시키는 원인으로 등장합니다. 솔라리스 행성 위에 떠 있는 우주정거장에 근무하는 과학자들은 자기가 상실했던 사람들 중 가장 소중한 사람을 다시 만나는 기적을 목도하게 됩니다. 말 그대로 죽은 자가 물리적 육신을 가지고 되돌아오는 것입니다. 얼핏 생각하면 좋을 것 같지만 그렇지 않습니다. 그들은 자기가 평범한 인간인줄 알지만 결국 인간은 아니기 때문입니다. 그들은 잠도 자지 않고 먹지도 않으며, 쉽게 흥분하고 괴력을 발휘합니다. 심지어 죽더라도 다시 새로운 몸으로 되돌아옵니다. 그 존재들로 인해 인물들은 크나큰 심리적 공황과 실존의 위기를 겪게 됩니다.

이러한 현상이 발생하는 이유는 렘의 소설에 자세히 서술되어 있습니다. 행성 솔라리스에는 행성 전체를 뒤덮은 특별한 바다가 있습니다. 이 바다를 연구하는 '솔라리스학'이라는 학문이 있을 정도입니다. 지구인들의 연구에 따르면 아마도 솔라리스의 바다는 거대한 유기체일지도 모른다고 합니다. 바다 자체가 고유의 생명을 가지고 있고, 심지어 그 바다가 무언가 정신적이며 물리적인 작용을 일으킬 수 있다는 것입니다. 솔라리스의 바다는 우주정거장의 과학자들의 정신을 읽어내고 그들이 가장 그리워하는 존재를 알아낸 후 그 존재를 물리적으로 구현해 냅니다. 소더버그의 영화에서는 이 바다의 성질에 대해 자세히 설명하지는 않습니다. 신비로운 효과를 창출하는 원인으로 지목될 뿐이죠. 솔라리스학의 다양한 학설을 상세히 서술한 렘의 소설에서조차도 결과적으로 이 바다는 인간의 이해를 벗어난 미스터리의 영역에 남습니다. 어쨌든 이 솔라리스 행성은 SF 장르에 등장하는 외계 행성 중 가장 독특한 상상력의 산물이라는 생각이 듭니다.

제3장 시간: 비선형적 시간의 궤적에서

　일상을 영위할 때 우리는 주로 시간이 선형적으로 흐른다고 느낍니다. 과거로부터 현재를 거쳐 미래를 향해, 하나의 선처럼 순차적으로 말이지요. 만약 시간의 흐름이 선형적인 것만은 아니라고 주장한다면 터무니없는 말처럼 들릴 겁니다. 그러나 가만히 잘 생각해보면 우리는 분명 일상에서 이질적인 시간의 층위를 느낄 때가 있습니다. 우리 인식의 근간인 현재에 과거나 미래의 이미지가 마치 층을 쌓듯(이중인화를 하듯) 겹쳐지는 순간 말입니다. 잊어버렸던 과거 기억의 파편이나 혼란스러운 데자뷰 비슷한 감각이 비자발적으로 떠오르는 경험 같은 것들이죠. 이러한 실체를 알 수 없는 감각은 분명 기이하면서도 매혹적인 측면이 있습니다. 그래서일까요. 시간의 '비선형성nonlinearity'에 대한 생각은 꽤 오랫동안 철학과 예술의 중요한 화두가 되어왔습니다. 예컨대 역사에 대해 다루는 예술 작품들은 대개 현재와 과거의 관계를 중요시하고, 불확실한 과거를 표현하기 위해 추상적인 기억의 문제를 끌어들이는 경우가 많습니다. 한편 SF 장르에서는 아직 오지 않은 미래를 상상하고, 현재와 미래의 관계에 더 주목합니다. 미래라는 시간대가 단순히 작품의 배경이 되는 것만이 아니라 그 시간성 자체에 대한 사유가 중심 주제가 됩니다. 이는 미래에 대한 예지능력, 타임머신을 통한 시간여행 등을 매개로 하여 인간이 시간을 통제할 수 있는가의 주제로까지 확장됩니다.

현실적 차원에서 생각해 보면, 시간의 비선형성이란 우리의 정신 안에, 지각과 인식의 차원에 놓인 성질이며 물리적인 세계에서는 불가능한 일이라는 단서가 붙습니다. 그러나 적어도 SF라는 상상적 장르에서는 인물의 정신 안에서의 시간뿐만이 아니라 그가 살아가는 물리적 세계의 시간에 인위적 조작을 가하는 일까지 가능해집니다. 어떠한 과학적 장치나 초능력을 사용해서 말이지요. 시간의 비선형성에 대해 실체화된 이미지로 확인할 수 있다는 점은 SF영화만의 매력이기도 합니다. 이제 SF영화 속 미래의 세계로 떠나보겠습니다. 거기에는 미래만이 아니라 현재와 과거가 뒤얽혀 있을 것이고, 그 속에서 우리는 시간이란 무엇인지에 대해 자연스레 느끼고 생각하게 될 것입니다.

1. 시간의 비선형적 지각과 미래의 기억: 〈컨택트〉

드니 빌뇌브(Denis Villeneuve)의 〈컨택트 Arrival〉(2016)는 시간의 비선형성에 대한 특별한 성찰을 담은 영화입니다. 이 영화는 인간의 정신 안에서 시간이 비선형적으로 지각되는 일이 어떻게 가능한지, 그러한 지각을 얻고 난 후 인간의 삶은 어떻게 변하게 되는지 질문합니다. 이러한 질문에는 물리학 법칙과 철학적 성찰과 SF적 상상을 종합한 이 영화만의 독특한 논리가 전제되어 있습니다. 이 논리는 이 영화의 원작인 테드 창(Ted Chiang)의 소설 「네 인생의 이야기 Story of Your Life」(1998)에서 가져왔습니다. 전반적으로 원작에 충실히 각색했지만, 드라마적 효과와 긴장감을 배가시키기 위해 내러티브 구성에 약간의 변화를 주기도 했습니다.

〈컨택트〉의 오프닝 시퀀스는 매혹적인 이미지의 세계로 초대함과 동시에 관객의 인식에 결정적인 착각을 유발합니다. 영화가 시작되고 스크린은 완전한 어둠에 잠겼다가, 창밖으로 보이는 새벽녘 어스름이 푸르게 맺힌 고즈넉한 이미지와 함께 세상을 비추기 시작합니다. 이는 한 여성의 이야기, 그녀의 세상이 새롭게 시작됨에 대한 은유입니다. 그와 함께 여성의 목소리로 보이스오버 내레이션이 시작됩니다. "난 이것이 너의 이야기의 시작이라고 생각하곤 했어." 이어서 영화는 한 여성이 딸아이를 출산하고 그 아이의 성장과 함께 행복한 한 때를 보내며, 이후 죽음을 받아들이는 모습을 시간의 선형적 흐름에 따라 요약적으로 보여줍니다. 딸의 이야기의 시작과 끝, 그런데 '그 시작과 끝의 경계가 어디인지 확신이 없다'는 말은 무슨 의미일까요?

딸아이가 죽고 상실감에 빠져 어둑한 병원 복도를 걷던 여성의 발걸음은, 짧은 암전 후, 역시 어둑한 학교 내부에서 강의실로 향하는 발걸음으로 연결됩니다. 암전 사이에 어느 정도 시간이 흘렀을까요? 이 여성은 딸아이의 죽음 이후 남겨진 인생을 살아가는 것으로 보입니다. 주변의 소요와는 달리 자신만의 고요에 잠겨 있고 극도의 피로감에 빠진 듯한 모습에서 그녀의 상실감과 무기력증을 느낄 수 있습니다. 그녀의 이름은 '루이즈'(에이미 아담스 분)이고 언어학자이자 교수입니다. 딸아이의 이름은 '한나'(hannah, 대칭형 스펠링의 이름은 비선형성에 대한 상징)입니다.

이날은 '그들'(외계의 존재 헵타포드heptapods)이 지구에 도착한 날, 그럼으로써 루이즈의 인생이 새로운 방향으로 굴절되기 시작한 날입니다. 논의의 편의를 위해, 영화의 스토리가 본격적으로 전개되기 시작하는 이날을 현재의 기준점으로 삼아보겠습니다. 그렇다면 오프닝에 등장한 루이즈와 딸이 함께한 시간들은 과거의 기억들로 여겨집니다. 영화를 처음 본 사람이라면 누구라도 그렇게 생각할 겁니다.

루이즈와 딸이 함께한 순간들의 기억은 파편적 이미지로 영화 곳곳에서 출몰합니다. 루이즈는 비자발적으로 환기된 이미지에 사로잡혀 혼란스러워합니다. (그녀는 왜 이렇게 반응할까요?) 이런 현상은 루이즈가 헵타포드의 언어를 익혀가면서 더 빈번해지는데요, 기억의 파편은 현실과 나름의 연관성을 지니고 있습니다. 예컨대 말의 목을 바라본 실루엣은 헵타포드 몸통의 실루엣과 닮았고, 개울가 수면에 닿는 벌레의 다리는 헵타포드의 다리를 닮았으며, 송충이의 모양은 헵타포드 문자의 특정 부분을 닮았다는 형상적 유사성이 있습니다. 이런 유사성 때문에 우리는 무언가 새로운 대상을 보았을 때 스스로의 (과거) 기억 속에서 그와 유사한 형상을 보았던 순간을 무의식적으로 환기하는 일상적 경험을 떠올리게 됩니다. 이로써 이러한 기억 이미지의 거처가 과거에 있다는 심증은 더 강해집니다. 그러나 영화를 다 보고 나면 그것이 착각이었음을 깨닫게 됩니다. 딸과의 기억들은 과거의 기억이 아니라 '미래의 기억'이기 때문입니다(영화 기법상 오프닝 장면은 과거를 보여주는 플래시백이 아니라 미래를 보여주는 플래시포워드에 해당됩니다).

이는 빌뇌브 감독이 만든 극작술의 트릭입니다. 테드 창의 「네 인생의 이야기」는 이런 식의 구성을 취하지 않고, 소설의 시작부터 끝까지 현재와 미래라는 두 가지의 시간 층위가 한 단락씩 교차로 서술되어 있습니다. 그런데 빌뇌브 감독은 어째서 미래의 이미지를 마치 과거의 이미지인 것처럼 연출했을까요? 첫째, 이는 영화 중반 이후 반전의 쾌감으로 기능합니다. 둘째, 더 중요한 이유입니다. 이 연출은 기억의 이미지를 으레 과거의 것으로 받아들이는 우리의 이미지 해석에 이의를 제기합니다. 그럼으로써 이 영화의 중요한 주제인 비선형적 시간 지각의 일례를 관객으로 하여금 직접 느끼도록 해줍니다. 또한 미래의 기억이 과거의 기억과 본성상 유사한 지위를 갖는다는 이 영화만의 독특한 시간관을 함의하기도 합니다.

〈컨택트〉에서 헵타포드가 방문한 그날, 막대한 혼란과 공포가 지구 전체를 뒤덮습니다. 영화의 원제가 '도착arrival'인 것도 그 파급력을 강조하기 위함일 겁니다. 헵타포드는 아무런 공격도 하지 않지만, 그렇다고 해도 근원을 알 수 없는 이질적인 존재에 대한 공포는 보편적인 것입니다. 이러한 공포는 루이즈와 물리학자 '이안'(제레미 레너 분)이 처음 그들의 우주선에 들어가는 순간 세밀하게 묘사됩니다. 우주복처럼 거대한 방호복을 입고 우주선의 표면을 조심스레 만지는 손길을 강조하고, 우주선 내부에 진입했을 때 중력장의 변화를 표현하기 위해 위아래가 뒤집힌 이미지를 보여주는 식의 묘사 말입니다.

루이즈 또한 우주선에 처음 다녀온 후 구토를 할 정도로 공포에 사로잡히죠. 그러나 루이즈는 외계의 존재를 적대하는 다른 인물들의 편견을, 그리고 장르적 클리셰에 익숙한 관객들의 편견을 깨뜨립니다. 어쩌면 소통을 욕망하는 언어학자의 학문적 호기심 탓이었는지도 모르겠습니다. 루이즈는 과감하게 방호복을 벗고 유리벽에 손을 댑니다. 그리고 유리를 사이에 둔 채 서로 다른 두 존재의 몸이 접촉합니다. 이 접촉을 계기로 많은 것이 바뀝니다. 처음에는 위험을 차단하는 보호막처럼 보였던 유리벽은 이제 서로의 언어를 배우는 교육과 소통의 매개체가 됩니다.

헵타포드의 언어는 지구상의 그 어떤 것과도 본질적으로 다릅니다. 그것은 헵타포드들이 인간과는 완전히 다른 방식으로 세계를 인식하고 사고함을 반영합니다. 헵타포드의 언어를 익히는 일은 루이즈의 인식 및 사고 체계에도 영향을 줍니다. 이러한 설정은 '사피어-워프 가설'의 영향을 받은 것으로 보입니다. 앞서 언급했던 딸이 등장하는 기억 이미지의 파편이 루이즈가 헵타포드의 언어를 처음 접하는 순간부터 떠오르기 시작한다는 것, 그 언어를 더 많이 이해하면 이해할수록 기억 이미지가 출몰하는 빈도도 늘어난다는 것은 우연이 아닙니다.

사피어-워프 가설을 반영한 대표적인 SF 철학소설로서 새뮤얼 딜레이니(Samuel Delany)의 『바벨-17 Babel-17』(1966)이 있습니다. 이 소설의 주인공은 '바벨-17'이라는 외계언어를 익혀가면서 새로운 사고 체계를 갖게 되고 시간 감각과 육체의 변화를 느끼며, 심지어 자아 자체가 재구성되는 경험을 하게 됩니다.

〈컨택트〉와 「네 인생의 이야기」에서 헵타포드의 언어는 사고의 체계를 근본적으로 바꿔주는 매체입니다. 마치 정교한 그래픽 디자인의 집합체처럼 보이는 헵타포드들의 문자(영화에서는 '로고그램'이라 칭합니다)는 비선형적 특징을 가지고 있습니다. 우리처럼 펜과 종이나 컴퓨터 자판을 통해 무언가를 쓸 필요가 없이, 그리고 획이 단어가 되고 단어가 문장이

> ☞ **사피어-워프 가설(Sapir-Whorf Hypothesis)**
> 언어 상대성 가설이라고도 부릅니다. 새롭게 습득한 언어가 사람의 사고 체계에 영향을 준다는 이론입니다. 언어는 단순한 표현수단을 넘어서고, 인간의 실세계는 언어습관의 기초 위에 세워지며, 우리는 언어를 통해 세상을 인식한다는 것입니다.

〈컨택트〉헵타포드와 로고그램

되는 식의 선형적인 확장의 과정이 없이, 촉수에서 빠져나오는 검은색의 유체가 순간적이고 동시적으로 전달하고자 하는 의미를 생성합니다. 이 문자를 읽을 때에도 정보를 조합하는 선형적인 순서를 따르지 않고 모든 정보를 동시에 지각합니다. 그러므로 그것은 비선형적임은 물론이고 사실상 시간에 독립적인 언어 체계인 셈입니다.

이러한 언어 체계는 근본적으로 다른 사고 체계에 상응합니다. 우리는 물리적 현상을 '인과론적causal'으로 설명합니다. 원인이 있고 그에 따른 결과가 있으므로, 그 과정은 순차적이고 선형적입니다. 반면 헵타포드들은 '목적론적인teleological' 방식, 다시 말해 '목적 지향적 방식goal-oriented way'을 취한다고 합니다. 헵타포드는 문자를 쓸 때 최초의 획을 긋기도 전에 이미 문자의 의미 전체(로고그램의 그래픽 디자인 전체)가 어떻게 구성될지 동시에 압니다. 그리고 세계를 다음과 같이 지각합니다. "헵타포드는 모든 사건을 한꺼번에 경험하고, 그 근원에 깔린 하나의 목적을 지각한다. 최소화, 최대화라는 목적을." 최소와 최대가 수학적 속성을 공유함을 수식으로 나타낸 것을 '변분 원리variational principles'라고 하는데요, 헵타포드들에게는 이 둘이 동일한 차원인 것입니다.

온전히 헵타포드의 언어로 사고한다면, 자기 세계를 살아가는 도중에 이미 자기 세계의 결과를, 즉 미래를 알게 됩니다. 영화 종반부에 루이즈는 헵타포드의 우주선 내부에 들어가 그들과 직접 접촉하고, 그들의 언어와 사고 체계, 그들의 목적을 완전히 이해합니다. 그럼으로써 그동안 자신의 정신에서 환기되던 기억들이 '미래의 기억'이라는 것을 이해하게 되며, 자신이 살아갈 인생과 관련된 미래 전체를 온전히 지각하게 됩니다. 요컨대 이러한 설정에는 언어 상대성 가설과 변분 원리 그리고 SF적 상상이 종합되어 있는 셈입니다.

루이즈가 지각하는 미래의 범위는 그녀가 죽음을 맞이하는 시간까지입니다. 목적론적으로 볼 때 삶의 결과는 확실히 죽음이니까요. 헵타포드들의 사고 체계에서 생명은 자신이 태어나서 죽을 때까지의 경로를 미리 알고 살아갑니다. 마치 빛이 공기에서 수면으로 들어갈 때 이미 자신의 목표점과 경로를 알고 출발하는 것처럼 말이죠. 단순히 예지한다는 게 아닙니다. 확실히 일어날 일 혹은 이미 일어난 일을 안다는 게 핵심입니다. 즉 루이즈가 온전히 헵타포드식으로 사고한다면, 그녀가 지각하는 미래는 정신 안에서 '이미 일어난 일'입니다. 그녀의 정신 안에서 과거와 미래는 본성상 다를 것이 없습니다. 과거는 현실화되었고 미래는 그렇지 않을 뿐입니다. 그렇다면 삶은 정신에서 일어난 일을 물리적으로 수행하는 과정입니다. 이것이 그녀가 지각하는 미래를 '미래의 기억'이라고 칭하는 이유입니다. 이 말은 더 이상 역설이 아닙니다.

그렇다면 루이즈는 미래의 기억을 가지고 무엇을 할 수 있을까요? 미래를 이미 알고 있으니 자기에게 유리한 행동만 취해가며 살아갈 수 있을까요? 그렇게 생각하니, '이미 일어난 일'이라는 말이 마음에 걸립니다. 그렇다면 자기가 알고 있는 미래의 경로를 충실히 따르며 살아야 할까요? 이건 마치 운명론자처럼 보입니다. 미래를 안다는 것은 이러한 복잡한 문제를 유발합니다. 다음 절에서 이 문제를 더 상세히 살펴보겠습니다.

2. 미래 예지와 자유의지의 문제: 〈마이너리티 리포트〉와 〈컨택트〉

미래를 예지하는 능력과 관련된 스토리는 SF에서 자주 등장합니다. 이 능력의 근거가 어떻게 설정되느냐의 문제를 따져보면 SF와 판타지 장르가 약간의 차이로 구분됨을 알 수 있습니다. 만약 누군가가 과학적 실험의 결과로 가지게 된 초능력이나 과학 기계 장치를 통해 미래를 볼 수 있다면, 혹은 〈컨택트〉처럼 외계인의 언어를 통해 미래를 지각할 수 있다면, 이는 SF적 상황 설정에 가까울 겁니다. 반면, 만약 누군가가 점성술이나 종교적 제의 행위를 통해 미래를 알 수 있다고 한다면, 이는 판타지적 설정일 겁니다. 미래를 예지하는 능력이라는 모티프는 거부할 수 없는 매혹을 지닌 채 인간의 상상 내에 다양한 형태로 존재해 왔습니다. 누구나 자기의 미래를 알고 싶어 하니까요. SF에서 그것이 더 흥미로운 이유는 예지 능력의 기본 전제에 과학적 요소를 결합함으로써 조금이나마 현실에 가까운 설정으로 만들었기 때문일 겁니다.

SF에서 미래 예지 관련 소재를 많이 다뤘던 작가로는 필립 딕을 떠올릴 수 있습니다. 대표작으로 「마이너리티 리포트 Minority Report」(1956)와 『유빅 Ubik』(1969)이 있는데요, 특히 『유빅』에 등장하는 예지능력자는 미래를 예지함은 물론이고 과거에 벌어진 일을 물리적으로 바꿀 수 있습니다.

미래를 예지하는 능력을 설정할 경우, 주로 그 능력과 정보로 무엇을 할 것인가의 문제에 서사의 방점이 놓입니다. 이 부분에서 〈컨택트〉와 〈마이너리티 리포트〉는 유사한듯하면서도 정반대의 설정을 보여줍니다. 영화의 서사와 함께 상세히 살펴볼까요.

〈컨택트〉의 주제적인 관심사는 다음과 같은 질문들과 관련됩니다. 당신은 당신의 인생이 어떻게 흘러갈지, 누구를 만나고 누구와 사랑하고 누구와 이별하며 결정적으로 언제 죽음을 맞이할지 완전히 압니다. 당신의 미래는 정신 안에서 이미 일어난 일이므로 아는 그대로의 삶을 살아야 할까요? 무언가를 바꿀 수 있는 여지란 없을까요? 만약 무언가를 바꿀 수 있다면, 그래야 할 당위성이 있는 것일까요?

루이즈의 인생에서 이러한 질문은 사랑이라는 감정과 관련이 깊습니다. 루이즈는 헵타포드와의 언어 교류 과정을 함께한 물리학자 이안과 사랑에 빠집니다. 그리고 둘은 결혼하여 딸을 낳습니다. 헵타포드의 도착부터 벌어지는 일을 현재의 기준으로 보자면, 이것은 미래에 벌어질 일입니다. 딸아이 '한나'는 청소년기에 이른 죽음을 맞이합니다. 이안은 루이즈가 이 모든 미래를 알고 있었다는 사실에 충격을 받아 그녀 곁을 떠납니다. 루이즈는 이안과 첫 데이트를 시작하기 전에 이미 이 모든 것을 알면서도, 그와 사랑에 빠지고 한나와 함께 하는 삶을 포기하지 않습니다.

헵타포드들의 목적론적 인식에 따르자면, 미래는 정신 안에서 이미 일어난 것이므로 이를 바꿀 수 있는 가능성이란 없습니다. 「네 인생의 이야기」에 서술된 『세월의 책』의 우화를 통해 살펴볼까요. 한 사람의 탄생부터 죽음까지의 모든 사건이 연대순으로 기록된 『세월의 책』이라는 게 있다고 가정해 봅시다. 그에 대한 반응은 제각각일 겁니다. 누군가는 이 책의 내용을 자신의 운명으로 받아들이고 그에 따라 살 겁니다. 다른 누군가는 이 책에 적힌 대로 살기 싫다면서 의도적으로 다른 행동들만 하려 하겠죠. 다수의 사람들은 아마 부정적인 것은 배제하고 긍정적인 내용만 취하려 할 겁니다. 이런 일이 가능하다면 참으로 매력적이겠지만, 테드 창의 논지는 『세월의 책』에 적힌 내용과 다른 선택을 할 수 있는 것은 딱 한 차례뿐이라는 것입니다. 왜냐하면 한 번 다른 행동을 하는 순간 이미 모든 사건의 인과율이 변하고 그 사람의 미래가 바뀌며 이 책은 쓸모없는 게 되어버리기 때문입니다. 요컨대 만약 자기가 알게 된 미래를 바꿀 행동을 할 자유의지가 존재한다면, 그것은 우리가 더 이상 미래를 알 수 없다는 것을 의미합니다. 이와 반대로 만약 미래를 계속 알고 싶다면, 우리는 미래를 바꾸면 안 됩니다. 그렇다면 자유의지를 발휘하기란 불가능하다는 말이 되죠.

〈컨택트〉와 「네 인생의 이야기」는 목적론적 세계관에 따라 후자의 논리를 따릅니다. 이러한 설정에서 미래를 안다는 것과 자유의지는 절대로 양립할 수 없습니다. 그래서 루이즈는 자신이 가지게 된 미래의 기억에 따라서 살아가야만 합니다. 딸아이가 일찍 죽을 것임을 알고서도 그 아이의 탄생을 맞이하는 것은, 그러므로 선택이라기보다는 필연의 문제입니다.

☞ **결정론과 자유의지론**

결정론의 기본 전제는 만약 어떤 사건의 총체적 원인이 발생한다면 그 사건은 반드시 일어나게 된다는 것입니다. 현재는 과거에 의해, 미래는 현재의 인과율에 의해 고정됩니다. 결정론을 부정하려면 어떤 일에든 그것을 일으키는 원인이 있다는 사실 자체를 부정해야 하는데, 그렇다 하더라도 그것은 자유의지에 의한 게 아니라 우발적인 것입니다. 결정론은 운명론과 분명히 구분되어야 하는데, 결정론에서는 현재의 선택에 따라 미래가 결정되는 반면 운명론에서는 현재에 어떤 선택을 하든지 결과(미래)는 바뀌지 않는다는 것을 전제로 두기 때문입니다. 결정론과 자유의지론은 서로 양립할 수 있다는 입장과 양립할 수 없다는 입장으로 나뉘며 학문적으로 첨예하게 대립해 왔습니다.

그런데 이 부분에서 〈컨택트〉는 소설의 설정보다 그 필연성의 무게를 약간 줄입니다. 소설에서 한나는 등산에 갔다가 사고로 죽습니다. 반면 영화에서 한나는 불치병에 걸려 죽죠. 사고로 죽을 것을 알고서도 그 산행을 방치하는 행동과 자기가 어찌할 도리 없는 병을 방치하는 것은 분명히 그 무게가 다릅니다. 불치병이야 어쨌든 예방할 수 없는 것이지만, 사고사만을 막는 편의적 선택을 하는 것은 충분히 가능할 테니까 말입니다. 그럼에도 루이즈는 지각된 미래가 정신 안에서 이미 일어난 일이라는 논리에 따라 딸의 죽음을 받아들입니다. 이러한 생각은 철학적으로 결정론의 입장에 따라 구성된 것이라고 볼 수 있습니다. 여기에서 루이즈가 지각하는 세계, 그녀의 인생은 결정론의 인과율에 따라 구성된다는 것, 하지만 그에 대한 지각은 비선형적이며 동시적이라는 것을 구분지어 생각할 필요가 있습니다.

분명한 것은 〈컨택트〉처럼 미래를 미리 지각하는 일이 가능하다면, 결정론과 자유의지론은 결코 양립할 수 없다는 것입니다. 그럼에도 불구하고 스필버그의 〈마이너리티 리포트 Minority Report〉(2002)는 미래를 아는 것도 가능하고 자유의지를 발휘하는 것도 가능하다고 봅니다. 이게 어떻게 가능할까요? 철학자 마크 롤랜즈(Mark Rowlands)는 『우주의 끝에서 철학하기』에서 이 설정에 오류가 있음을 지적합니다.4)

---

4) 마크 롤랜즈, 『우주의 끝에서 철학하기』, 신상규·석기웅 옮김, 책세상, 2014.
'5장 마이너리티 리포트: 자유의지의 문제' 참조.

〈마이너리티 리포트〉는 미래를 예지할 수 있는 초능력과 첨단 미디어 장치를 결합하여 미래에 일어날 범죄를 예방하는 '프리크라임' 시스템의 문제를 다룹니다. 이 시스템의 기본적인 전제는 3인의 예지자들의 지각을 기록하는 장치를 통해 미래를 정확히(살인사건이 벌어질 장소와 시간까지) 예측할 수 있다는 것입니다. 그것은 가능성의 문제가 아니라 확실성의 문제입니다. 그리고 이 시스템의 존재가치는 현재의 선택에 의해 미래를 바꾸고 나아가 미래를 통제한다는 점에 있습니다. 이런 논리가 정당화되기 위해서는 반드시 미래가 현재와 과거의 원인에 의해 고정되어야만 합니다. 즉 결정론이 참이어야만 합니다. 여기에는 분명한 모순이 있습니다. 어째서 예지자들은 범죄자가 살인을 저지를 것임을 보지만, 범죄예방국 요원들이 그 살인을 방지하는 것까지는 보지 못하는 것일까요? 그렇다면 범죄 예정자들은 결과적으로 살인을 저지르지 않는 셈이 되는데 말이죠. 그러므로 예지자들이 미래를 정확히 본다는 것은 틀린 말이 됩니다.

이와 마찬가지로 영화의 핵심을 이루는 서사도 모순을 품고 있습니다. 주인공 '앤더튼'(탐 크루즈 분)은 프리크라임 시스템에 의해 스스로가 살인자가 될 예정이라는 사실을 알고 도주하다가 추후에 예정된 피해자와 마주하게 됩니다. 이때 앤더튼은 총의 방아쇠를 당기지 않는다는 선택을 내립니다. 그런데 이때 예지자들의 예지가 정확하다면, 앤더튼이 총의 방아쇠를 당기지 않는 것도 미리 보았어야 합니다. 그렇다면 그 자리에 있던 예지자인 '애거사'(사만다 모튼 분)가 앤더튼을 향해 "당신은 선택할 수 있어요"라고 절박하게 외칠 필요가 없죠. 이 외침은 이 순간 방아쇠를 당기지 않는 앤더튼의 선택이 자유의지에 따른 것임을 분명히 설파합니다. 이 외침과 앤더튼의 선택이 미래를 바꾼 것일까요? 어쨌든 저변의 음모와 피해자가 될 남자의 절박함에 의해 방아쇠는 우발적으로 당겨집니다. 그렇다면 미래는 바뀌지 않았을까요? 애거사는 어째서 그 우발적인 상황까지는 보지 못한 걸까요? 그런데 또 가만 보면 방아쇠가 당겨지는 그 순간의 파편적 이미지는 보았습니다. 그럼 그 이전의 과정까지 미래를 바꾸고자 노력한 것도 모두 예정된 일이었을까요? 아니면 어떤 노력을 기울여도 운명론적으로 그 총의 방아쇠는 당겨진다는 것일까요? 결국 이 상황은 자유의지와 운명론이 이상하게 뒤얽혀 있어서 어느 쪽으로든 논리적인 판단을 내리기 어렵습니다.

어쨌든 이 영화에서 미래를 향한 정확한 예지가 가능하며, 앤더튼이 자유의지에 의해 행동을 선택한다(미래를 바꾼다)는 것은 모순입니다. 물론 이 영화의 서사에서 이 모순은 프리크라임 시스템이 가지고 있는 모순을 폭로하는 것과 연동됩니다. 애초에 이 시스템이 예지하는 미래는 확실한 것이 아니라 확률상의 문제에 불과했던 것이고, 그렇기에 범죄를 예방한다는 명목으로 범죄 예정자들을 감옥에 가두는 일은 정당성이 결여되어 있기 때문입니다.

그러나 이런 모순이 발생하는 근본적인 이유는 결국 미래를 정확히 안다는 것과 미래를 바꾼다는 것은 양립할 수 없는 까닭입니다. 미래를 알고 미래를 바꾸는 순간 그 미래는 다른 것이 되고, 그렇다면 미래를 알았던 것이 거짓이 되고…. 결국에는 끝없는 순환논리에 빠지게 됩니다.

다시 〈컨택트〉로 돌아가서 이 문제를 조금 더 깊게 들여다 볼까요. 〈컨택트〉의 후반부에는 소설에 없는 새로이 창작된 부분이 서사적 클라이맥스를 이루는데요, 이 부분은 이 작품의 세계관을 재고할 수 있게끔 해줍니다. 루이즈는 미래에 대한 지각을 얻게 된 직후 급박한 상황에 직면합니다. 외계인과의 전쟁이라는 일촉즉발의 위기 상황에 처한 것입니다.

이것은 분명 인류의 미래와 관련된 역사적인 순간입니다. 그때 루이즈의 정신에는 미래의 한 순간에 대한 이미지가 비자발적으로 떠오릅니다. 미래의 기억 내에서, 루이즈는 헵타포드의 언어와 관련된 축하연장에 참석하고, 중국의 '샹 장군'을 처음 만나 인사를 나눕니다. 이때 루이즈의 미래 지각은 불완전해서, 자기가 하게 될(혹은 했던) 일에 대해 모르고 있습니다. 그녀는 샹 장군과의 대화 중에 자신이 해야 할(해야 했던) 일에 대해 알고, 장군의 전화번호와 그의 아내의 유언에 대해 알게 됩니다. 그리고 현재의 급박한 상황에서 미국의 반역자로 몰릴 위험을 감수하면서까지 샹 장군에게 위성전화를 걸어 미래에서 들은(듣게 될) 아내의 유언을 들려줌으로써 그의 마음을 움직여 전쟁이라는 위기 상황을 막아냅니다. 이 상황은 그 누구도 피해를 보지 않는 '논 제로섬 게임non-zero-sum game'

으로 끝나게 됩니다.

루이즈는 미래를 지각함으로써 미래의 기억 속에서 현재에 유용한 정보를 얻은 후, 그 정보를 이용해서 현재의 문제를 해결한 셈입니다. 그렇다면 이때 미래에 대한 지각이 현재에 영향을 주고, 현재(의 행동)를 바꾼 것이라고 보아야 할까요? 루이즈는 전쟁이 일어나는 방향에서 일어나지 않는 방향으로 역사를 바꾼 것일까요? 이것이 루이즈의 자유의지에 의한 행동이라고 볼 수 있을까요? 만약 그렇게 본다면, 이러한 서사는 「네 인생의 이야기」의 목적론적 미래 인식이라는 전제를 무너뜨리는 것이 됩니다.

일견 그렇게 여겨질 소지가 있지만, 이 상황을 좀 더 숙고해 본다면 충분히 반론을 제기할 수 있습니다. 그러기 위해서는 우선 루이즈가 미래의 한 순간에 샹 장군을 만날 것임을 지각할 때, 그녀의 미래 지각이 (아직) 불완전한 이유를 설명해야 합니다. 이에 대해서는 그 순간에 루이즈는 헵타포드의 우주선에서 돌아온 직후이고, 미래에 대한 지각을 얻어가는 중이었으므로 그것이 아직 불완전했던 것이라고 대답할 수 있습니다. 소설에서 루이즈가 미래의 기억을 얻게 되는 순간을 서술한 부분을 보면, 그것은 순차적으로 도착하는 것도 아니고 단숨에 채워지는 것도 아니기 때문입니다.

이렇게 정당화하더라도, 그녀의 정신에 샹 장군에게 위성 전화를 거는 순간보다 축하연장에서의 만남이 먼저 떠오른 부분에 대해서는 서사적 클라이막스를 형성하기 위한 편의적 구성임을 지적하지 않을 수 없습니다. 루이즈가 급박한 위기를 해결하기 위해 정확히 필요한 순서대로 미래가 지각되기 때문입니다.

이러한 내러티브 구성은 자칫 이 영화에서 루이즈의 행동이 스스로의 자유의지에 의한 것이라고 판단할 만한 오해의 소지를 낳습니다. 그러나 루이즈가 샹 장군에게 전화를 거는 행동은 그녀가 미래의 기억에 대한 동시적 지각을 얻게 된 이후에 일어나므로 결정론의 논리를 깨뜨리지 않습니다. 본디 결정론의 논리는 과거와 현재의 인과에 의해 미래가 고정되는 것인데, 이 영화에서 지각된 미래의 지위는 과거의 기억과 같은 것이므로 미래에 의해 현재가 고정되는 것이며, 이 또한 결정론의 인과관계를 흐트러뜨리지 않는 것입니다. 달리 말하자면, 루이즈가 샹 장군에게 전화를 걸어 국제정세의 위기를 해결하는 일에는 이미 그녀가 더 먼 미래에 샹 장군을 만나 필요한 정보를 얻는 일이 전제되어 있습니다. 즉 루이즈의 미래 지각 능력이 전제되어 있는 것이죠. 그 능력이 꼭 필요했기에, 헵타포드들은 루이즈를 우주선에 들여보낸 후 헵타포드어에 대한 모든 지식을 전달한 것입니다. 그러므로 루이즈는 전쟁이 일어날 역사를 일어나지 않도록 바꾼 게 아닙니다. 전쟁은 원래 일어나지 않을 예정이었던 것이죠. 헵타포드들은 이 모든 일들을 알고 지구에 왔습니다. 마찬가지로 루이즈가 샹 장군에게 전화를 거는 행동은 자유의지에 의한 것이라 볼 수 없고 목적론적 미래 인식이라는 전제에도 문제를 일으키지 않습니다. 즉 이 영화에서 루이즈가 아는 미래는 바뀐 적이 없습니다.

〈컨택트〉에서 루이즈는 미래에 대한 지각을 얻고 인류를 구원하는 공적인 행동과 딸아이를 낳는 사적인 행동을 합니다. 얼핏 보면 전자는 (자유의지에 따라) 능동적인 선택을 내린 것처럼 보이고 후자는 (운명론적으로) 행동하지 않음이라는 수동적 선택을 내린 것처럼 보입니다. 그러나 이 두 행동은 본성상 차이가 없습니다. 둘 모두 정신 안에서 이미 일어난 미래의 기억을 행동으로 옮긴 것입니다. 하나는 그녀를 영웅으로 만들어 줄 행동이고, 다른 하나는 그녀를 행복과 고통이 엇갈리는 길로 이끌 행동입니다. 그럼에도 루이즈는 이 둘을 똑같이 껴안습니다. 미래에 다가올 행복과 고통을 똑같이 껴안는 긍정, 이것이야말로 〈컨택트〉의 가장 중요한 주제일 것입니다.

미래를 예지한다는 소재는 참 매력적이지만, 이토록 많은 복잡한 문제들과 생각할 거리들을 안겨줍니다. 모순 없는 서사를 구성하는 것도 쉬운 일이 아니고요. 하지만 이 곤경 속에서 시간의 성질에 대한 사유가 심화되는 것도 분명합니다. 시간을 거슬러 여행한다는 소재는 어떨까요? 이 문제는 어쩌면 더 복잡합니다. 다음 장에서 살펴보겠습니다.

3. 시간여행: 시간과 역사를 통제하기

기념비적 SF 작품인 『타임머신』(1895) 이래로, '시간여행(타임슬립time slip)'은 무궁무진한 상상력과 잠재력을 지닌 인기 소재였습니다. 시간여행은 우리의 상상력 내에 강렬하게 자리 잡고 있지만, 엄밀하기는커녕 그럴싸하게 수긍할 정도의 과학적 근거조차도 구성하기 쉽지 않습니다. 심지어 시간여행을 상정하면, 필연적으로 많은 모순들이 나타나곤 합니다. 그래서 다수의 작품들은 시간여행을 단순히 편의적 설정과 흥미의 요소로 활용하는 경우가 많았습니다. 어떻게 시간여행이 가능한가를 설명하려 하기보다는 시간여행으로 인해 발생하는 표면적 효과를 보여주는 데 집중한 것이죠. 시간여행이라는 소재가 SF 장르 고유의 것만이 아니라 판타지 및 역사드라마 등 다른 장르와도 흔히 결합되었던 것은 그런 이유에서입니다.

그렇지만 이 책에서 우리는 시간여행에 대해 나름대로의 과학적 근거를 구성하려고 노력하는 하드 SF 성향의 작품들, 혹은 그렇지는 않더라도 적어도 시간여행으로 인해 발생하는 시간과 역사의 변화라는 제반사항에 대해 진중하게 성찰하는 작품들을 살펴볼 것입니다.

시간을 여행한다는 설정은 미래를 지각하는 것보다 더 묵직한 문제들을 유발합니다. 지각은 정신적인 차원에서 벌어지는 일이지만, 시간여행은 명백히 어떤 물리적인 개입을 필요로 하기 때문입니다. 이는 시간이라는, 우리 눈에 보이지 않는 비물질적이고 추상적인 대상에 우리의 육체라는 물질적 대상을 끼워 넣는 행위입니다. 그리고 기본적으로 우리의 육체를 다른 시간과 장소에 전송하는 행위이기도 합니다. 다시 말해 시간과 육체 사이의 상대성이라는 문제를 어떻게 처리하느냐가 관건이 됩니다.

〈인터스텔라〉는 중력과 시간 사이의 엄청난 상관관계를 보여준 영화입니다. 이 영화에서 주인공 일행은 강력한 중력장을 지닌 '밀러' 행성에 착륙하여 몇 분간 체류합니다. 그 사이에 지구의 시간으로는 수십 년의 시간이 흘러버립니다. 딸이 아빠보다 더 나이가 많아지는 비현실적인 일이 벌어집니다. 이러한 중력과 시간의 관계는 아인슈타인의 상대성이론라는 과학적 근거를 갖고 있습니다. 뿐만 아니라 중력은 다른 차원의 시공간에 접속할 수 있는 문을 열어주는 요소이기도 합니다. 그것은 웜홀과 블랙홀이라는 이상중력현상을 통해 이루어집니다. 〈인터스텔라〉는 웜홀을 통과하면 우주의 반대편으로 공간 이동할 수 있으며, 블랙홀 내부에 들어가면 보통 인간이 지각할 수 없는 다차원적인 시공간에 접촉할 수 있음을 보여줍니다.

이처럼 중력은 시간여행의 문을 열어주는 열쇠일지도 모릅니다. 드라마 〈다크 Dark〉(시즌 1, 2017)는 중력장을 통한 시간여행의 가능성을 보여줍니다. 이 드라마는 2019년을 기점으로 독일의 작은 마을에서 벌어지는 일을 다룹니다. 그곳은 원자력 발전소를 중심으로 그 주변부에 거대한 숲과 동굴이 미로처럼 뻗은 독특한 지형을 이루고 있습니다. 동굴 내부에는 다른 시간대로 건너갈 수 있는 통로가 있습니다. 이 통로는 일종의 웜홀입니다. 그곳을 지나가면 33년 단위의 시간여행

이 이뤄집니다. 2019년과 1986년과 1953년은 세 개의 순환
적 원이 벤다이어그램의 교집합을 이루듯이 서로 반복되며 상
관적 관계를 맺고 있습니다. 웜홀의 영향으로 이 지역은 33년
주기의 원형적 시간 내에 갇히게 되었습니다. 과거가 현재에
영향을 줌은 물론이고, 미래조차도 현재에 영향을 줍니다. 시
간의 인과율에서 선형적인 선이 붕괴되고 순환적 원이 그 자
리를 차지합니다. 이는 우주가 33년을 주기로 동일한 성질로
순환한다는 판타지적 세계관에 근거를 두며, 프리드리히 니체
의 영원회귀 사상에 깊은 영향을 받은 것으로 보입니다.

　이 드라마의 내러티브의 핵심을 이루는 것은 물론이고 우
리의 호기심을 자극하는 문제는 이 웜홀이 어떻게 생겨났느냐
는 것입니다. 발전소에서 벌어진 실험 탓인지 혹은 그 과정에
서 일어난 사고 탓인지, 다시 말하자면 누군가의 음모로 만들
어진 것인지 혹은 우발적인 것인지 정확한 원인은 아직 드러
나지 않았습니다(시즌 2가 예정되어 있죠). 웜홀이라는 중력
장이 어떤 이유에선가 지구 내부에 생겨날 수 있고, 그것을 통
해 시간을 거슬러 여행할 수 있다는 흥미로운 설정이 앞으로
어떻게 풀려갈지 궁금합니다.

　한 가지 흥미로운 사실은 시간여행을 다루는 작품의 상당수
가 미래로 여행하기보다는 과거로 여행하는 방향을 택한다는
것입니다. 대개 이러한 설정입니다. 미래에 과학기술이 급속
히 발전하여 시간을 여행할 수 있는 장치를 개발하게 됩니다.
이 미래 사회는 과학 발전의 부작용이든, 핵전쟁 같은 정치적

이유이든 혹은 다른 환경적 이유에서든 급속히 쇠락하고 있거나, 급기야는 파국의 위기에 빠져 있습니다. 그래서 이 상황을 해결하기 위해 인간은 시간여행 장치를 타고 과거로 돌아가 인류의 역사를 바꾸기로 결심합니다. 그래서 과거로 돌아가, 그 시대에서 보자면 '미래에서 온 인간'이 된 시간여행자는 중요한 역사적 순간을 바꾸는 행동을 합니다. 여기에서도 앞서 언급한 결정론적 요소가 서사에 개입합니다. 중요한 총체적 원인은 그 결과(미래)를 바꿉니다. 그렇지만 역사를 바꾼다는 일은 결코 쉬운 일이 아닙니다. 아니 바꾸는 것은 어렵지 않지만 원하는 방향으로 바꾸는 게 어렵다고 해야겠지요. 게다가 항상 개인의 욕심이라는 문제가 개입되지 않을 수 없죠. 그래서 다수의 작품들에서 시간여행자의 고군분투는 수렁에 빠지고 다른 디스토피아적 미래를 유발하곤 합니다.

근래에 거의 유행처럼 쏟아져 나오는 시간여행 관련 주제의 작품들은 대체로 영화보다는 장시간의 드라마 시리즈로 나오는 경우가 많습니다. 그 이유는 각각의 작품들을 살펴보면 충분히 이해가 되는데요. 시간여행으로 인해 발생하는 다양한 문제들과 그 문제를 해결하기 위한 시도들, 그에 따른 시간과 역사의 변화라는 총체적인 국면을 보여주려면 장대한 서사의 궤적이 필요하기 때문입니다. 물론 나초 비가론도의 〈타임크라임 Timecrimes〉(2007), 김현석의 〈열한시〉(2013), 마이클 허스트의 〈파라독스 Paradox〉(2016) 등의 영화가 있기는 합니다만, 이 영화들은 시간여행 소재를 2시간 이내 분량으로 집약하면서 세밀하고 다채로운 상황을 보여주기는 쉽지 않다는 것을 보여주는 사례입니다.

그럼 시간여행을 다루는 특징적인 드라마 몇 편을 살펴보겠습니다. 〈컨티넘 Continuum〉(시즌 1~4, 2012~15), 〈시간여행자 Travelers〉(시즌 1~3, 2016~18), 〈12 몽키즈 12 Monkeys〉(시즌 1~4, 2015~18)는 다수의 시즌과 수십 시간에 달하는 러닝타임 동안 시간여행이 유발하는 역사 변화의 장대한 궤적을 따라갑니다. 세 드라마는 21세기 후반이라는 미래를 기점으로 과거의 방향으로 향하는 시간여행을 실행하며, 그 목적이 인류 역사를 더 나은 방향으로 수정하기 위한 것이라는 점에서 유사합니다. 그럼에도 세부적인 설정은 분명히 다르므로 비교해서 볼 만합니다.

우선 시간여행이 어떤 시대를 배경으로 어떠한 기술적 원리와 형식으로 이뤄지는지 알아볼까요. 〈컨티넘〉은 한 천재 과학자가 개발한 미디어 시스템이 전 세계를 감시 통제하는 21세기 후반의 미래 사회를 배경으로 둡니다. 그 과학자는 자신의 기술을 기반으로 설계된 세계의 부조리를 느끼고, 이를 타파하기 위해 양자에너지와 복합적인 미디어 기술에 기반을 둔 타임머신을 개발합니다. 그가 꾸민 시간여행은 과거 젊은 시절의 자기 자신에게 메시지를 보내고자 하는 은밀한 기획입니다. 그리하여 경찰과 혁명집단을 비롯한 다수의 인물이 동시에 21세기 초반으로 시간여행을 하게 됩니다. 자신의 정신과 신체를 온전히 보존한 상태에서 다른 시간대에 전송되는 형식으로 말이지요.

한편 〈12 몽키즈〉는 바이러스가 창궐한 포스트 아포칼립스적 미래 사회를 배경으로 둡니다. 여기서도 시간여행은 한 과학자가 개발한 특수한 약물과 장치로 가능해지며, 자신들이 특정 가능한 시간대에 육신과 정신 모두를 전송할 수 있습니다. 이 타임머신의 특이한 점은 여행자의 몸에 약물을 투여해야 하는 까닭에 여행을 반복하면 그 사람의 정신과 신체가 극도로 쇠잔해져 간다는 점입니다. 어쨌든 이 여행의 목적은 바이러스가 퍼지는 것을 막아 아포칼립스를 방지하기 위함입니다.

한편 〈시간여행자〉의 시간여행은 미래의 AI 컴퓨터인 '디렉터'의 지휘 아래 미래 인간들의 정신을 21세기 초 인간들의 신체로 강제 전송시키는 방식으로 일어납니다. 즉 여기에서는 정신만 전송되는 것이므로, 그 정신은 다른 사람의 신체를 가지고 다른 사람의 사회적 배경 내에서 생활해야 합니다. 이것은 사실상 정신을 말살하는 행위나 다름이 없으므로, 그들은 죽음을 목전에 둔 육체만을 찾아 들어간다는 원칙을 세웁니다.

이 세 편의 드라마에서 시간여행의 목적은 동일합니다. 시간여행자들은 더 나은 미래를 만들기 위해, 세계를 절멸로부터 구원하기 위해, 역사를 바꾸기 위해 여행을 떠나왔습니다. 그런데 역사를 바꾼다는 동일한 목적을 가짐에도 불구하고, 각각의 여행자들과 그들 뒤에 있는 이익집단들이 바라는 미래의 모습은 동일하지 않습니다. 즉 그들은 각자의 욕망과 이익에 더 잘 부합하는 방식으로 역사를 변화시키고자 노력합니다. 그 욕망들은 당연히 서로 충돌합니다. 결국 역사를 바꾼다는 행위의 의미는 역사를 자신들이 원하는 방향으로 통제한다는 의미로 변질됩니다. 그래서 이 여행은 일종의 '역사 통제' 전쟁이 되어버립니다. 실제로 세 편의 드라마는 개인과 단체로 구성된 다수의 욕망들 사이의 치열한 전투를 보여줍니다. 그에 따른 결과는 더 나은 미래라기보다는 점입가경의 수렁에 가까워 보입니다. 그리고 시즌이 종결된 〈컨티넘〉만이 그 최종 결과를 볼 수 있습니다. 일단 표면적으로 〈컨티넘〉의 시도는 수많은 실패의 반복 끝에 마침내 성공하는 것으로 보입니다. 그러나 역사 수정을 시도할 때마다 점점 더 악화되기만 하던 상황이 너무도 급작스럽게 해결되는 이 드라마의 전개는 도무지 부자연스럽다는 느낌을 지울 길이 없습니다. 그래서인지 오히려 그 해피엔딩 자체가 긍정적인 대체역사 구성의 불가능성을 내포하는 일종의 기만처럼 보이기도 합니다.

이러한 시간여행의 테마가 가져오는 매우 중요한 문제는 시간여행자가 과거에 인위적 조작을 가하여 역사의 궤적을 바꾸었을 때, 과연 그 시간여행자가 떠나왔던 본래의 미래는 어떻게 되느냐는 부분입니다. 별도의 새로운 타임라인이 발생하여 일종의 평행우주를 형성하는지, 혹은 미래 사회자체가 물리적인 변화를 맞이하는지의 문제죠. 일단 〈컨티넘〉은 현재의 행동이 미래에 영향을 미쳐서 미래가 변화된다고 설정합니다. 그러나 그 변화가 너무 거대할 경우 평행우주가 형성되거나 타임라인이 붕괴되어 버린다고 하여, 그 타임라인을 수호하는 비밀집단도 있습니다. 〈12 몽키즈〉도 같은 설정입니다. 이 드라마에서는 심지어 과거에서 이루어진 어떤 행동의 결과로 미래의 삶에 강제적 변화가 발생하는 과정을 시각적인 이미지로 보여주기도 합니다. 벽에 붙어 있던 신문기사들의 내용이 변하고, 죽었던 사람이 살아나고 존재하던 사람이 사라지는 식의 파괴적인 변화 말입니다. 물론 우리는 시간여행을 하여 과거를 바꾼다면 현재가 어떻게 될 것인지 절대 모를 것입니다. 그러나 다수의 SF 작품은 과거의 변화가 현재에 영향을 줄 것이라고 상정합니다. 그래야만 과거와 현재와 미래 사이의 상관관계가 더 잘 드러날 수 있고, 그에 따라 시간을 통제하고 역사를 통제하려는 인간의 욕망이 어떤 결과를 가져오는지의 문제에 더 큰 의미가 부여되기 때문일 것입니다.

또한 시간여행자가 과거로 여행하다가 젊은 시절의 자신과 같은 장소에서 공존하게 되었을 때 어떻게 되느냐의 문제도 있습니다. 각기 다른 차원에서 온 이질적인 물질(육체나 물건)들이 한 장소에서 접촉할 때, 시간의 패러독스가 발생하는 것이죠. 이런 부분들은 각각의 작품들마다 세부적으로 다른 설정들을 보여줍니다. 〈컨티넘〉에는 이러한 패러독스가 없습니다. 그래서 본래 시간대에 살던 인물과 약간 다른 시간대에서 여행해 온 동일인물 두 명이서 동일한 시공간에서 공존하고 서로 경쟁하기도 합니다. 마치 적대적인 도플갱어처럼 말입니다. 반면 〈12 몽키즈〉는 이 패러독스가 엄격하게 적용됩니다. 사람은 물론이고 물건조차도 다른 시간대에서 온 동일

대상이 같은 장소에서 공존할 수 없습니다. 패러독스가 발생하면 거대한 폭발이 일어납니다. 이러한 사항들은 서사를 구성하는 데 매우 중요한 장치로 사용되며, 관람자 입장에서도 상당히 흥미로운 요소로 다가옵니다.

앞서 말했듯 시간여행이라는 소재는 상당히 긴 서사의 궤적이 요구됩니다. 아마도 영화 한 편의 러닝타임 내에 이런 부분을 다루려면 제한적인 상황으로 모든 요소를 집약시키거나, 아니면 구체적 상황들을 제시하기보다는 시간에 대한 관념적인 성찰에 집중하는 방향으로 구성하는 게 유리할 겁니다. 그러한 집약과 단순화의 전형적 사례가 시간여행의 변형된 형태라고 할 수 있는 '타임루프time loop' 서사입니다. 실제로 이러한 서사는 영화 작품과 몇몇 드라마의 개별 에피소드에서 제한적으로 펼쳐지곤 합니다.

타임루프 서사의 대표적인 작품으로 더그 라이만(Doug Liman)의 〈엣지 오브 투모로우 Edge of Tomorrow〉(2014)를 들 수 있습니다. 이 영화의 주인공은 지구에 침략한 외계 존재의 영향으로 타임루프의 상황에 빠집니다. 그는 외계인에 대적해 싸우는 군인인데, 전투를 벌이다가 죽을 경우 끊임없이 같은 상황으로 되돌아옵니다. 동일한 상황이 계속 반복되며 주인공은 자신이 반복적으로 체험하는 상황들의 경험치를 이용해서 점진적으로 더 많은 미션을 해결해나가게 됩니다. 전형적인 게임 서사의 영향을 받았습니다. 마치 슈팅게임 같죠.

비슷한 상황을 보여주는 사례로 〈소스 코드 Source Code〉

(2011)와 〈ARQ〉(2018)가 있습니다. 타임루프의 기술적 원리
는 각기 다릅니다. 〈소스 코드〉는 냉동고에서 죽어가는 한 인
간의 정신을 컴퓨터 프로그램 속에 투입시켜서 계속해서 같은
상황에 빠뜨리고 그 상황을 해결해나가게끔 합니다. 즉 이 영
화 속 타임루프 상황은 프로그램 코드로 이뤄진 일종의 가상
세계인 셈입니다. 가상세계 속에서 찾아낸 상황 해결법을 현
실에 적용하고자 하는 것이죠. 한편 〈ARQ〉는 과학자가 개발
한 양자에너지를 유발하는 장치가 오작동을 일으켜 주인공을
타임루프의 상황에 빠뜨린다는 설정입니다. 특이한 것은 이
영화에서 타임루프의 상황이 조금씩 변주를 보인다는 점입니
다. 끊임없이 똑같이 반복될 줄만 알았던 상황이 조금씩 변화
하고 그에 따라 대응 전략을 바꿔나가는 모습들을 지켜보는
것은 꽤 흥미롭습니다.

　이러한 타임루프 서사는 최근 유행처럼 등장하는 추세입니
다. 유행이라고 말하는 이유는 드라마 〈스타트렉: 디스커버
리〉(시즌 1, 에피소드 7, 2017)와 〈시간여행자〉(시즌 2, 에피
소드 7, 2017)의 경우처럼 다소 부자연스럽게 타임루프 에피
소드를 구성한 작품들 때문입니다. 이 드라마의 타임루프 에
피소드는 작품 전체의 서사와는 거의 무관한 순간에 갑작스럽
게 펼쳐집니다. 좋게 말하자면 소위 SF 마니아들을 위한 하나
의 서비스처럼 보이고, 나쁘게 말하자면 단순히 시간 끌기처
럼 보입니다. 특히 〈시간여행자〉의 경우는 타임루프 서사가
드라마 전체의 세계관을 무너뜨릴 위험이 있음에도 불구하고

게임적 유희처럼 사용되었습니다.

타임루프 서사는 게임으로부터 차용한 요소라 볼 수 있고, 이는 또 하나의 게임적 요소인 인터랙티브(상호작용) 서사와의 결합 가능성을 내포하고 있습니다. 이 형식은 계속해서 동일한 상황에 빠진다고 할 때 어떤 선택을 하느냐에 따라 다른 결과가 나타남을 반복적으로 보여줄 수 있고요, 그에 따라 관객에게 선택의 몫을 제공하는 서사를 구성할 수 있기 때문입니다. 가령 〈블랙미러: 밴더스내치 Black Mirror: Bendersnabch〉(2018)는 온전한 상업적 서사영화의 틀 내에서 인터랙티브 서사를 구성한 보기 드문 영화입니다. 이러한 구성에 타임루프가 결합되는 작품이 머지않아 나올 것이라고 생각됩니다.

지금까지 살펴본 것처럼 시간을 여행한다는 것, 시간을 조작하고 통제한다는 문제는 묵직한 철학적 성찰을 내포할 수도 있고 다양한 유희적 요소로 활용될 수도 있습니다. 앞으로도 SF 장르에서 가장 매력적인 소재로 남을 것임에는 의심의 여지가 없습니다.

제4장 디스토피아: 감시와 통제 사회

　우리는 종종 SF영화에서 붕괴되는 세계를 봅니다. 그 붕괴는 외계인의 침공, 기계의 반란, 핵이나 생화학 전쟁, 전 지구적 규모의 자연 재해 등 걷잡을 수 없는 파국(아포칼립스)으로 전개되기도 하고요, 혹은 그보다는 점진적인 방식으로 일어납니다. SF영화에서 보았던 미래 사회의 풍경을 가만히 떠올려 보면, 인간들이 윤택한 환경 속에서 행복한 삶을 영위하는 모습을 본 기억이 별로 없습니다. 인간의 미래는 대체로 디스토피아적 상상의 지배 내에 있습니다.

　SF영화의 디스토피아적 미래의 양상을 단순화해본다면 다음과 같을 겁니다. 미래 어느 때인가 지구에서 긴급하고 치명적인 위기 상황이 발생합니다. 지구는 붕괴할 예정이거나 붕괴하고 있거나 혹은 이미 붕괴했습니다. 개인의 생명이 위협받고 사회 체제가 무너지며, 급기야 인류 절멸의 위기에 빠지는 것이죠. 개인 및 가족 차원에서는 어떻게든 살아남기 위해 처절하게 투쟁합니다. 개인의 투쟁은 결국 극한상황에서의 인간성의 문제, 즉 도덕과 윤리의 문제로 귀결되는 경우가 많습니다.

한편 국가 차원에서는 좀 더 복합적인 일들이 벌어집니다. 그리고 결국 정치와 통치의 문제로 귀결됩니다. 권력을 유지 중인 정부나 새로운 집단이 통치권을 쟁취합니다. 이들은 위기를 해결하기 위한 긴급하고 예외적인 조치들을 행합니다. 임시로 형성된 권력구조는 머지않아 질서유지라는 명목으로 일상화가 됩니다. 이러한 비정상적 상황을 정상적인 것처럼 꾸미기 위해서는 강력한 규율과 통제의 힘이 필요합니다. 이를 가능하게 해주는 매개체는 미디어를 활용한 감시체제와 무력 통제의 결합입니다. 이로 인해 인간의 지위와 삶의 조건은 땅바닥에 떨어집니다. 이러한 상황을 구조적으로 보여주는 SF영화들은 이 상황을 타파하기 위한 각기 다른 해결책(그것이 실패로 끝날지라도)을 제시합니다. 이제 그 구체적인 양상들을 몇 개의 세부주제로 나누어 살펴보겠습니다.

1. 포스트 아포칼립스의 미래: 개인의 생존 투쟁

SF영화에서 볼 수 있는 미래의 풍경은 크게 두 가지 양상으로 나뉩니다. 하나는 최첨단 기술이 지배하는 세련된 디자인의 미래, 자연보다는 기계를 보는 것이 더 익숙한 세계입니다. 다른 하나는 정반대의 미래죠. 극도로 황폐해져 생명체의 흔적이 거의 없는 유령 도시와 원시적인 대자연의 풍경이 공존합니다. 이는 포스트 아포칼립스, 다시 말해 전 지구적 규모의 대재앙이 일어나 삶의 터전이 파괴되고 대다수의 생명체가 멸망한 이후의 세계입니다.

워쇼스키 자매(Lana & Lilly Wachowski)의 〈클라우드 아틀라스 Cloud Atlas〉(2012)는 미래의 대조적인 양상들을 동시에 살펴볼 수 있다는 점에서 이 논의의 시작점이 되기에 적합합니다. 이 영화는 여섯 개의 시간대를 배경으로 과거와 현재 그리고 미래에 이르는 인류사의 궤적을 성찰합니다. 각 시대를 이루는 주요 인물들의 성격을 정형화하고, 그 배역을 계속해서 동일한 배우들이 연기하게 함으로써 시대마다 비슷한 유형의 인간상이 존재한다는 인상을 줍니다. 윤회사상처럼 보이기도 하고요. 어떤 시대에든 빼앗는 편에 선 탐욕스러운 자들이 있고, 그들에게 지배당하고 착취당하는 자들이 있습니다. 그럼에도 인류 문명은 과거로부터 현재까지 분명히 진보하는 것처럼 보입니다. 그 진보의 궤적은 2144년의 첨단 도시 서울의 풍경에서 극점에 달했다가 어느 순간 갑작스레 추락합니다. 즉 가장 먼 미래인 2346년에는 아포칼립스 이후 황폐한 환경에서 소수의 생존자만이 원시적인 삶을 영위하고 있습니다. 얼핏 보면 미래가 아니라 오히려 인류사 초기의 부족사회처럼 보입니다. 그야말로 과거로 회귀한 것처럼 말입니다.

이처럼 인간의 문명이 영원회귀하듯 원을 그리며 순환한다는 것이 이 영화의 커다란 주제입니다. 물론 이건 외관상의 진보만을 이야기한 것입니다. 인간의 삶의 형태, 그 내적인 측면은 끝없이 진보하다가 갑자기 추락하여 바닥에 닿고, 다시 진보를 향해 출발하는 식으로 단선적인 원을 그리지 않습니다.

2144년 첨단 도시의 풍경은 디스토피아의 또 다른 양상임에 틀림없고, 이것이 2346년 원시 사회보다 낫다고 장담할 순 없죠. 그러므로 인류사의 순환적 원을 이루는 선들은 매끄럽지 않고 예측할 수 없는 복합적인 결을 이루며 분기해나간다고 하는 게 정확할 것입니다. 그렇게 본다면, 여섯 개의 시대를 순차적으로 두지 않고 무질서하게 뒤얽힌 파편들처럼 배치한 내러티브 구성은 이 영화의 세계관에 훌륭하게 맞아떨어집니다.

그렇다면 이 영화의 미래에서 문명의 진보를 향하는 궤적은 무슨 연유로 파국을 향해 굴절된 것일까요? 정확히 설명되지는 않지만, 1974년의 샌프란시스코를 배경으로 원자력 발전소의 문제점을 파고드는 기자의 고군분투를 다루는 에피소드에서 그 씨앗을 찾을 수 있습니다. 각기 다른 시대 사이의 엄청난 시간차를 고려한다면, 샌프란시스코 원자력 발전소가 파국의 직접적 원인은 당연히 아닐 겁니다. 다만 인류에게 엄청난 효용 증진 효과를 주었던 원자력과 관련된 테크놀로지 일반이 어느 순간 미래 재앙의 원인이 되리라는 추측은 가능할 겁니다. 그게 아니라면, 2144년에 암시되었던 것처럼 인간의 노예였던 안드로이드 로봇들이 혁명을 일으키고 전쟁으로 확대되는 과정에서 파국이 도래하는 것일지도 모릅니다. 2346년에 '손미'(배두나 분)가 신화적 존재가 된 것이 그 증거일 수 있죠. 테크놀로지 자체의 결정적 결점이든 혹은 극단적 형태의 계급사회의 모순이든, 이것은 우리 현실과 무관한 문제들이 아닙니다. 이 영화는 현실에 잠재된 모순에 대한 우려를 파국과 그 이후라는 극단적 상상으로 구현한 것으로 보입니다.

　SF영화의 미래 세계가 아포칼립스를 맞이한다고 해도, 인류 전체가 단 한 사람도 남지 않고 절멸하는 경우를 상정하지는 않습니다. 그렇다면 픽션영화가 성립될 수 없겠죠. 어떻게든 소수의 인간은 살아남아서 척박한 환경 속에서 절박한 생존 투쟁을 벌이게 됩니다. 이때 생존의 문제를 불러일으키는 중요한 일들은 대체로 인간들 사이의 관계에서 벌어집니다. 어떤 사람들은 가족만을 보호하기 위해 모든 타인들을 적대합니다. 어떤 사람들은 주변 사람들 모두를 보호하고 자신을 희생하며 사랑과 인간성의 가치를 보여줍니다. 반대로 어떤 사람들은 타인의 식량과 생명을 빼앗고 약자를 지배하는 권력을 누리고자 합니다. 요컨대 영웅처럼 보이는 사람과 악인처럼 보이는 사람이 있습니다. 그러나 과연 생존 자체가 절대적 과제가 되는 환경에서 우리가 생각하는 인간다움이란 가치가 통용될 수 있는 것일까요? 우리의 도덕적·윤리적 잣대로 그들을 판단하는 게 정당할까요? 포스트 아포칼립스와 관련되는 몇 편의 영화를 따라가며 이러한 질문을 던져보겠습니다.

　우선 아포칼립스가 진행중인 상황, 붕괴중인 세계를 보여주는 영화를 살펴보겠습니다. 스티븐 스필버그의 〈우주전쟁 War Of The Worlds〉(2005)은 어느 날 갑자기 외계인이 침공하여 지구인들을 무차별적으로 학살하는 상황을 보여줍니다. 외계인의 공격은 가공할만한 파괴력을 가지고 있고, 인간들은 거기에 저항할 만한 능력이 없습니다. 이러한 극한의 상황은 자녀들을 보호하는 아버지의 능력을 강화시킵니다. 주인공 가족은 어떻게든 이 상황을 헤쳐나가 생존에 성공합니다. 이 과정에서 가족주의라는 전통적 가치가 강조됩니다.

비슷한 상황을 다루는 영화로 수잔 비에르(Susanne Bier)의 〈버드박스 Bird Box〉(2018)가 있습니다. 여기에서 재앙은 인간이 이해할 수 없는 형태로 일어납니다. 어느 날 갑자기 근원 모를 존재가 출현합니다. '그것'이 외계인인지, 신인지 악마인지, 물리적인 존재인지 추상적인 존재인지 알 수 없습니다. 그 존재를 눈으로 본 사람들은 마치 악마에 홀리거나 정신병에 걸린 것처럼 즉각적으로 자결을 합니다. 영화는 마지막까지 그것의 형상을 보여주지 않고 흔적만을 보여줍니다. 마치 관객이 그 이미지를 보면 무서운 영향을 받기라도 할 것처럼 말이죠 (시각 예술인 영화가 보는 것의 공포를 설파한다니 이채롭죠). 어쨌든 이 재앙은 대단히 급작스럽게 아포칼립스 규모로 일어납니다.

살아남은 사람들은 그 존재를 보지 않기 위해 스스로 눈을 가리고 다닙니다. 어떻게든 눈을 가린다면 살아남을 수 있을 것 같지만 상황은 좀 더 복잡합니다. 특이하게도 기존에 정신병이 있던 사람들이 문제가 됩니다. 그들은 그 존재를 보고서도 자결을 하지 않으며 오히려 그것의 아름다움을 찬양합니다. 그리고 다른 사람들이 강제로 그 아름다운 존재를 보게끔 폭력을 행사합니다. 그들은 사람들에게 아름다움을 보여줌으로써 죽음을 선사합니다. 우리의 도덕관념으로 분명 악랄한

짓을 하는 셈인데, 또 다르게 생각하면 우리는 정신병자를 법적으로 처벌하거나 도덕적으로 책망하지 않는 게 일반적이기 때문에 그들의 행동을 어떻게 판단해야 할지 애매합니다.

이 영화의 초점은 한 가족에게 맞춰집니다. '맬러리'(산드라 블록 분)와 두 아이가 생존을 위해 눈가리개를 한 채 절박한 여정을 떠납니다. 그러다가 두 아이 중 하나가 반드시 눈가리개를 풀고 주변을 봐야 할 상황을 맞습니다. 아이를 죽음으로 내모는 행위일 수도 있는데, 그래도 누군가를 선택해야 합니다. 문제는 여자아이는 맬러리의 친딸이고 남자아이는 위기 상황에서 떠맡게 된 다른 사람의 아이라는 점입니다. 맬러리는 일단 친자식이 아닌 남자아이를 선택하기로 마음먹습니다. 그럼에도 정말 눈가리개를 풀어야 할 순간이 오자, 도저히 아이를 죽음의 위기로 내모는 행동을 하지는 못합니다. 극한 상황에서도 우리의 도덕관념 내에서 인간적인 선택을 하는 것이죠. 그래서일까요, 이들의 여정은 일단의 안식처에서 끝나게 됩니다.

아마도 인간 세계가 파국을 맞이하는 원인으로 가장 흔한 설정은 바이러스일 겁니다. 과학 실험 도중에 생성된 치명적인 바이러스가 세상에 퍼져나가 인간을 절멸의 위기로 몰아가는 경우죠. 앞서 살펴본 드라마 〈12 몽키즈〉에서도 시간여행을 하게 된 첫 번째 이유는 바이러스가 퍼지지 않도록 막기 위해서였습니다. 유사한 설정 내에서 흥미로운 문제를 제기하는 사례로 드라마 〈레인 Rain〉(시즌 1, 2018)이 있습니다. 드라마가 시작되자마자 덴마크 전역에 죽음의 비가 내립니다. 비에 바이러스가 섞여 있어서 인간의 피부에 빗물이 닿을 경우 수초 내에 죽음을 맞이합니다. 이 바이러스 생성의 원인을 제공한 당사자로 보이는 과학자는 자기 가족을 미리 마련된 벙커에 대피시키고, 자신은 세상을 구하겠다며 나갑니다. 아이들의 실수 탓에 엄마는 곧바로 비를 맞아 죽고, 누나와 남동생 둘이서 수년간의 벙커 생활을 견딥니다. 벙커에 물자가 떨어지자 마침내 이 남매는 세상 밖으로 나가 아버지를 찾아가는 여정을 떠납니다. 이들은 같이 행동할 동료들을 만나기도 하고 공격적인 사람들과 싸우기도 하고 군인들에게 쫓기기도 하는 등 다사다난한 일을 겪습니다.

그 여정 도중 드러나는 충격적인 사실이 있습니다. 알고 보니 이 죽음의 비는 전 지구적 규모로 내리지 않았습니다. 덴마크와 스웨덴 일부에만 내렸고, 따라서 인류 전체가 파국을 맞이한 게 아니었습니다. 비가 내린 곳과 내리지 않은 곳 사이에는 방역구역과 장벽이 생겼고 그 사이를 군인들이 통제합니다. 무서운 것은 이 바이러스가 사고로 퍼진 게 아닌 것 같다는 사실입니다. 비가 내린 지역은 거대한 규모의 바이러스 실험실이었던 것으로 보입니다. 소수의 자본가가 주도한 기업 단위의 바이러스 실험이 국가 단위 규모의 인간들을 절멸의 위기로 몰아간 것입니다. 실로 충격적인 설정입니다. 도대체 무슨 목적의 실험이었는지 시즌 1에서는 드러나지 않는데, 이후 시즌의 향방을 지켜보아야겠죠.

이러한 바이러스가 좀비 창궐의 원인이 되는 경우도 많습니다. 좀비는 포스트 아포칼립스와 관련되는 주요 소재로서, 영화는 물론이고 소설이나 웹툰 등 다양한 매체를 통해 인기를 누리고 있습니다. 〈레지던트 이블 Resident Evil〉 시리즈, 〈나는 전설이다 I Am Legend〉(2007), 〈월드워 Z World War Z〉(2013), 〈부산행 Train to Busan〉(2016), 〈아이 앰 어 히어로 I am a Hero〉(2015), 〈카고 Cargo〉(2017), 드라마 〈워킹 데드 The Walking Dead〉 시리즈 등 다수의 작품이 있습니다. 이런 영화들은 좀비 변종의 원인이 되는 바이러스를 설정할 때 약간의 과학적 요소가 반영되기는 하지만, 대체로 SF 장르의 외관을 띠고 있다고 보긴 어렵습니다. 좀비 자체가 워낙 자극적이며 넓은 범주를 포용하는 소재인 까닭에 좀비가 등장하면 대체로 호러나 고어 장르의 형태가 됩니다. 그래서 일단 좀비 관련 영화는 상세히 논의하지는 않겠습니다.

한편 조지 밀러(George Miller)의 〈매드맥스: 분노의 도로 Mad Max: Fury Road〉(2015)는 파국 이후 상당한 시간이 흐르고 생존자들이 이룬 기형적인 사회가 고착된 상황을 보여줍니다. 1980년대에 큰 인기를 모았던 〈매드맥스〉 3부작을 갱신한 〈매드맥스: 분노의 도로〉는 시리즈 특유의 아날로그 액션과 첨단 CGI 테크놀로지를 적절히 결합하여 사막의 광포한 모래바람과 자동차 역동성에 대한 강렬한 체험 효과를 제공합니다. 이 사회에서 물과 엔진은 곧 권력과 직결됩니다. 물이 없거나 달릴 수 없으면 말라 죽으니까요. 절벽 위에 사는 권력자가 베푸는 물이 군중들의 머리와 땅바닥으로 폭포처럼 떨어지는 이미지는 이러한 권력 관계를 적나라하게 드러냅니다. 사막 바닥에서 비참한 삶을 영위하는 사람들에게 권력자는 닿을 수 없는 존재입니다. 이 영화는 그 권력자들의 추악함을 신체적 기형의 형태로 표현하죠.

이런 사회에서 과연 최소한의 인간성이 발휘될 수 있을까요? 놀랍게도 이 영화는 그렇다고 대답합니다. 권력자에게 출산만을 위한 도구처럼 이용당하던 여성들이 자신들만의 삶의 터전을 찾아 탈출하고, 간부급이었던 여성과 노예로 붙잡혔던 남성이 그들을 돕는 과정에서 공감과 연대의 가치를 보여준다는 점에서 그러합니다. 그렇다고 이들은 선하고 기존 권력자는 악하다며 이분법적 잣대를 적용하긴 어렵겠지만, 정도의 차이가 있는 것은 분명하니까요, 우리는 이 주인공들의 연대를 응원하게 됩니다.

대체로 아포칼립스 관련 영화에서 생존자들의 삶은 절박하기 그지없습니다. 서로 빼앗고 뺏기는 상황이 반복되고 인간의 추악함이 부각되기도 합니다. 기본적으로 식량과 물자는 한정되어 있고 인간의 수가 그것보다 더 많기 때문이겠죠. 그런데 정말 지구 전체에, 혹은 그렇진 않더라도 인간이 물리적으로 이동할 수 있는 지역 전체에 자기 자신 단 한 사람만 살아남아 있다면 어떤 일이 벌어질까요? 그렇다면 이 생존은 인간 내면의 문제로 귀결될지도 모릅니다.

조나단 헬퍼트(Jonathan Helpert)의 〈IO: 라스트 온 어스〉(2019)는 지구 전체가 방사능에 오염되어 생존자들이 우주선을 타고 다른 행성을 개척하러 떠난 이후의 상황을 다룹니다. 한 저명한 과학자는 지구에서의 생존을 포기하지 않고 고산지대에 연구소를 차립니다. 고산지대는 완전히 오염되지 않았고, 나머지 지역도 지구의 자정기능으로 회복될 수 있으리라 믿는 것이죠. 이 과학자와 딸이 함께 연구를 하다가 과학자는 죽고, 오히려 딸만 살아남아 아버지의 연구를 계속합니다. 〈마션〉에서 주인공이 화성에서 홀로 생존한 것처럼, 이 영화에서는 주인공 홀로 오염된 지구에서 생존하는 것이죠. 그러다가 다른 한 남자가 연구소에 찾아옵니다. 워낙 오랜만에 만나는 인간이니 자연스레 서로 적대하기보다는 연대하게 됩니다. 사랑 비슷한 감정이 피어오르려고도 하고요. 그리고 둘이 함께 개척지로 향하는 마지막 우주선에 탑승할 수 있는 기회가 열립니다. 그런데 놀랍게도 이 여성은 지구에 홀로 남는 것을 선택합니다. 대지와 자연에 대한 희망을 버리고 싶지 않으며 인간의 위대한 유산인 예술품들을 두고 가고 싶지 않기 때문입니다. 생존이라는 절박한 과제보다 자기가 믿는 더 나은 가치를 선택합니다. 아포칼립스 이후라고 해도 생존만이 문제가 아니라는 것, 삶의 가치를 찾아나가고자 하는 사람도 있음을 보여주는 특별한 영화입니다.

지금까지 살펴본 영화들은 아포칼립스를 맞이한 개인, 가족, 소수 그룹들의 생존의 궤적을 다루는 경우입니다. 이것이 국가의 문제로 확장되면 생존의 양상은 상당히 많이 달라집니다. 다음 절에서 그 문제를 살펴보겠습니다.

2. 세계의 붕괴를 저지하라: 국가 통제 권력의 정당성

세계가 붕괴되고 있다면, 그 붕괴가 파국으로 치달을 것임이 확실해진다면, 인간은 무엇을 할 수 있을까요? 국가나 정부는 무엇을 할 수 있고 무엇을 해야만 할까요? 만약 국가 권력의 전면적 발동을 통해 완전한 파국에 이르는 길을 중단시킬 수 있는 방법이 존재한다면 어떠할까요? 다수를 살리기 위해 소수를 희생시켜야 한다면, 혹은 더 극단적으로 소수를 살리기 위해 다수를 희생시켜야 한다면 어떠할까요?

예컨대 포스트 아포칼립스 장르의 걸작인 존 크리스토퍼 (John Christopher)의 소설 『풀의 죽음 The Death of Grass』 (1956)에서 이러한 상황을 볼 수 있습니다. 바이러스로 인해 지구상의 모든 풀이 죽어가고 인류가 극단적인 식량 위기에 처하자, 혼란을 틈타 권력을 잡은 (비정상적) 영국 정부는 자국민의 1/3을 살리기 위해 나머지를 희생시킨다는 극단적인 전략을 생각해 냅니다. 그 실행 방안은 놀랍게도 영국 내 주요 도시들에 폭탄을 투하하는 것입니다. 이러한 믿을 수 없을 정도로 급진적인 전략은 실제로 일부 진행되다가 중단됩니다. 그러나 그것은 실행 과정상의 실패에 불과하며 그 전략이 과연 윤리와 효과의 측면에서 어떻게 평가받아야 하는가는 별개의 문제로 남습니다. 이와 같은 상황, 말하자면 정상적인 사회적 가치를 실행하는 것이 더 이상 불가능하며 파국을 막기 위해 시급을 다뤄야만 하는 '긴급 사태'에 처했을 때, 국가는 최소한의 체제 유지와 인간 종족의 보존을 위해 극단적 행위를 해야 하는 걸까요? 그 행위는 어떠한 논리로든 정당화될 수 있을까요?

이러한 일은 SF 장르라는 픽션의 영역에서 벌어지는 것만이 아니라 '예외상태'라는 이름으로 분명한 현실적 지표를 가지고 있습니다. 인류의 역사에는 '예외상태'와 '긴급 조치'라는 이름으로 행해졌던 비정상적 권력의 작동이 인간사회를 어떻게 위협했는지 기록되어 있습니다. 1933년 아돌프 히틀러가 권력을 차지하자마자 공표한 '국가와 민족 보호에 관한 긴급 조치'가 대표적 사례입니다.5) 가장 큰 문제는 이러한 초법적 조치가 행해졌을 때, 지구가 파국의 위기에 놓인 적도 국가가 붕괴될 위기에 처한 적도 없었다는 점입니다. 권력자들이 가상의 위기를 설정한 다음 그것을 권력을 찬탈하거나 유지하기 위한 명분으로 삼았다는 것이죠.

더구나 이런 식으로 구축된 예외상태는 임시적으로 끝나지 않고 일상적인 것으로 확장(예외상태의 상례화)될 우려가 큽니다. 예외상태는 그것을 어떤 순간에 발동시켜서 어떤 순간에 중단시켜야 하는지에 대해서 법적으로 엄밀히 규정하기 어렵다는 난제를 품고 있습니다. 일촉즉발의 긴급한 상황은 언제 어떻게 일어날지 예측할 수 없을뿐더러 그 상황이 어떠한 파급효과를 만들어낼지도 예상하기 어렵습니다. 이러한 사태는 객

---

5) 조르조 아감벤, 『예외상태』, 김항 옮김, 새물결, 2009, 15쪽.

관적으로 주어지는 것이 아니라 법률 외적이며 주관적인 판단 (정치적·도덕적 가치 평가)을 포함하는 현상입니다. 실제 문제가 터지면 법률적 해석과 사회적 논의의 공론장을 열 만한 시간이 없습니다. 누군가는 빠르게 상황을 판단하고 그에 대응하는 실행의 결정을 내려야 합니다. 그러므로 이를 결정하는 주권자에게는 특별한 초법적 권한과 윤리적 책무가 부여되며 권리와 의무 사이의 어려운 저울질이 발생할 수밖에 없습니다.

예외상태가 지닌 동시대 생명정치적 의미는 법이 스스로를 효력 정지시킴으로써 살아 있는 자들을 포섭하는 근원적 구조라는 점입니다. 2001년 9/11 이후 미국 대통령이 선포한 '군사명령'은 법적으로 보호받지 못하는 자들, 법적으로 명명하거나 분류할 수 없는 존재를 양산했습니다. 아프가니스탄에서 붙잡힌 탈레반들이나 관타나모 수용소의 수감자들은 마치 나치 강제수용소에 갇힌 유대인처럼 전쟁 포로의 지위도 범죄자의 지위도 누릴 수 없으며, 단순한 '수감자'로서 모든 법률적

☞ **예외상태(state of exception)**

예외상태는 헌법과 법률의 효력이 중단되고, 그것을 대체하는 긴급하며 임시적인 조치가 실행중인 상태를 의미합니다. 예외상태는 원칙적으로 제한 없는 권한을 포함합니다. 모든 현행 질서를 효력정지시키고 초법적인 실행 명령들을 내릴 수 있는 권한입니다. 철학자 조르조 아감벤(Giorgio Agamben)은 히틀러의 긴급 조치가 나치의 통치 기간 동안 폐지되지 않기 때문에 법률적 관점에서 히틀러의 제3제국은 12년 동안 지속된 예외상태로 간주될 수 있다고 말합니다.

통제를 벗어납니다. 가령 〈관타나모로 가는 길 The Road To Guantanamo〉(2006)이나 〈제로 다크 서티 Zero Dark Thirty〉(2012)를 보면 이들이 얼마나 가혹한 고문을 받는지, 그 비인간성이 적나라하게 드러납니다. 이들은 인간 존재로서의 권리와 특권을 완전히 박탈당합니다. 이러한 행위가 위법이 되지 않는 법적 구조야말로 무엇보다 무서운 점입니다. 아감벤은 이러한 지위에 놓인 자들을 '벌거벗은 생명bare life'이라 부릅니다.

벌거벗은 생명의 보다 일반적인 이름은 '난민refugee'입니다. 난민은 법적 보호로부터 배제되지만 여전히 권력의 통제를 받을 수밖에 없는 존재입니다. 인도적인 난민법이 제정된 국가도 많지만 아직 그 보호가 온전히 이뤄지고 있다고 하긴 어려워 보입니다. 오늘날 난민은 언제어디서든 발생할 수 있습니다. 어느 누구라도 상황에 따라 법의 바깥으로 내몰리고 배제되는 존재가 될 수 있다는 뜻이죠. 이와 마찬가지로 정상적인 법의 효력이 중지되며 동시에 초법적인 권력의 통제 내에 놓이는 곳이라면 어디든 수용소가 될 수 있습니다. 9/11의 발발과 미국의 응징, 그 이후에 계속되는 테러리즘의 공세, 그리고 이를 저지하기 위해 전 지구적 감시체계를 구축하는 것이 지상과제가 되어버린 시대에, 예외상태는 언제 어디서든 상존할 수 있는 가능성을 부여받게 된 것입니다.

SF영화에서 세계가 붕괴하기 시작하고, 이를 막기 위한 국가의 통치 권력이 실효성 있게 가동되려면, 정부가 파국의 위기에 대해 미리 알게 되거나 비교적 점진적인 붕괴의 과정을 겪는 경우가 상정되어야 합니다. 역설적인 말이지만, 국가가 예외상태와 긴급 조치를 선포하는 일이 실질적인 효력을 발휘할 수 있기 위해서는 그 상황이 너무 긴급해서는 안 된다는 겁니다. 예컨대 〈우주전쟁〉처럼 어느 날 갑자기 우주인이 침공하고 인류 절멸의 위기에 처한다면 국가가 할 수 있는 일은 몇 차례 군대를 출동시키는 것밖에 없겠죠. 점진적 붕괴라는 설정이 의미 있는 이유는 세계의 붕괴를 막는다는 명목 하에 지배층이 피지배층을 비인간적으로 탄압하는 일이 정당화되며, 그 가운데 비정상적 권력의 작동, 감시와 통제라는 사회 구조적 메커니즘의 추악한 단면이 가감 없이 드러나기 때문입니다.

알폰소 쿠아론의 〈칠드런 오브 맨 Children Of Men〉(2006)은 이러한 상황을 잘 살펴볼 수 있는 훌륭한 사례입니다. 이 영화에서 재난은 인간이 전혀 예측할 수 없었던 형태로 일어납니다. 속도는 느리지만, 효과는 확실한 붕괴입니다. 오프닝 시퀀스는 재난 상황을 잘 보여줍니다. 2027년 11월, 런던의 한 카페에 다수의 사람이 모여 TV 뉴스를 보며 세상에서 가장 젊은 인간의 죽음에 슬퍼하고 있습니다. 2009년에 태어난 '디에고'는 인류 최후의 아이입니다. 즉 인류는 출산능력을 상실했고 18년 동안이나 신생아를 출산하지 못했습니다. 이는 희망의 상실이며 내일의 상실을 뜻합니다. 언젠가 인류가 멸망할 것이라는 절망이 사람들의 마음을 잠식하고, 세계는 점진적으로 붕괴해가는 중입니다. 카페에서 길거리로 걸어 나오는 주인공 '테오'(클라이브 오웬 분)를 따라 움직이며 런던 거리의 풍경을 포착하던 유려한 롱테이크 시퀀스는 카페에서 폭탄 테러가 발생하며 끝납니다. 폭탄이 터지자 카메라는 급작스레 폭발한 장소를 향해 전진합니다. 짧지만 급작스러운 이 전진은 급박한 상황에 조응합니다.

이 영화에서 카메라가 기능하는 바는 명확합니다. 카메라는 영화 내내 테오의 발걸음을 핸드헬드로 따라다니며 급박한 현실을 보여주지만, 주변에 흥미로운 대상이 출현하면 잠시 테오를 벗어나 그 주변에 무엇이 있는지를 비춰줍니다. 테오 주변에서 포착되는 세계의 정황은 단순히 배경으로만 머무르지 않습니다. 2027년 런던은 물질적 폐기물과 쓰레기가 나뒹구는 병든 도시입니다. 카메라는 그 도시의 물질성을 생생하게 기록합니다. 예컨대 테오가 전철을 통해 이동할 때 카메라는 전철 안 TV를 클로즈업하는데, 화면에서는 세계 각지에서 일어나는 폭동과 파괴와 기아의 형상과 함께 오직 영국의 군대만이 질서를 유지하고 있다는 프로파간다 영상이 흘러나옵니다. 그러나 이 영상이 기만적인 것임은 곧바로 확인됩니다. 카메라의 시선이 테오를 따라 전철 창밖으로 옮겨가자 창밖에는 전철을 따라오며 돌을 던지는 사람들이 보이며, 테오가 전철에서 내리자 역 플랫폼에는 임시 철장에 갇힌 난민들과 총을 들고 이들을 감시하는 경찰들이 보입니다. 여기에서도 카메라는 테오의 발걸음을 따라가지 않고 잠시 멈춰 선 채 하소연을 하는 난민 할머니의 얼굴을 비춥니다.

본래 이 영화는 P. D. 제임스(P. D. James)의 동명 소설을 각색한 결과물인데요, 인류가 출산 능력을 상실한다는 설정은 똑같지만 세부적으로 다른 부분이 꽤 많습니다. 특히 결정적인 차이는 영화가 소설에 비해 세계의 붕괴를 더욱 전면화시켰으며, 그 일환으로 소설에서 '체류자'라고 표현되었던 이주노동자들을 억압받는 대규모적 난민의 형상으로 확장했다는 것입니다.

　이 영화에서 영국의 국경은 9년째 폐쇄되었고 정부는 난민들과 불법체류자들의 처리 문제로 골머리를 앓고 있습니다. 그래서 어느 순간 난민을 축출해 이곳저곳에 상존하는 임시 수용소에 가둔 후, 추후 그들을 더 큰 수용소로 이송하는 예외상태가 확립된 것입니다. 질서유지라는 명목 하에 난민들의 인권은 경찰에 적발되는 즉시 상실됩니다. 그들은 국제법의 보호를 받지 못하고 모든 법적 지위를 박탈당한 존재가 됩니다. 이는 표면상 자국민을 보호하기 위한 조치인 셈이지만, 실상 난민에 대한 탄압은 자국민들에게도 커다란 위협이 됩니다. 왜냐하면 자국민들 또한 언제든 난민의 지위로 전락할 수 있기 때문이죠. 경찰의 초법적 권력에 대한 공포는 그 자체로 통제 권력으로 작동하게 되는 것입니다. 결국 이러한 예외상태의 발동에 내재하는 욕망은 체제와 권력을 유지하기 위한 것이라고 보아야 합니다.

　영화 후반부에 등장하는 해변가 거대 수용소의 모습은 이러한 예외상태의 비정상성을 적나라하게 보여줍니다. 인류 최

〈칠드런 오브 맨〉 난민 수용소의 풍경

후의 희망이 될 수도 있는 아이를 보호하는 중인 테오 일행이 탄 버스가 수용소에 도착하자, 경찰들은 사람들을 짐승처럼 취급하며 끌어냅니다. 경찰의 심기를 거스르게 한 사람은 언제든 구타를 당하거나 죽을 수도 있습니다. 아감벤이 말했던 것처럼, 예외상태가 물질화된 공간으로서의 수용소에서 난민들이 인간적 대우를 받을지 아닐지의 여부는 전적으로 경찰의 '윤리 감각'에 달려 있습니다.6) 이 장면에서는 개인의 윤리 감각에 맡겨진다는 것이 얼마나 위태로운 일인지 확인됩니다. 멈췄던 버스가 다시 움직이자 창밖으로 수용소 입구의 풍경이 스쳐지나갑니다. 막 도착한 난민들은 검은 복면을 쓴 채 무릎

---

6) 조르조 아감벤, 『호모 사케르—주권 권력과 벌거벗은 생명』, 박진우 옮김, 새물결, 2008, 328~329쪽.

을 꿇고 있고, 일부는 발가벗겨져 있으며, 일부는 시체가 되어 줄지어 누워 있습니다. 아무도 그 죽음에 대해 신경 쓸 겨를이 없습니다. 그들은 벌거벗은 생명입니다. 이곳은 경찰의 곤봉과 총이 곧 통제 권력이 되는 원시적인 수용소입니다.

봉준호의 〈설국열차 Snowpiercer〉(2013)는 지구에 기상이변이 발생하여 빙하기를 맞이한 후의 세계를 그립니다. 남겨진 자들은 설국열차를 타고 끝없이 질주하는 한에서만 생존할 수 있습니다. 열차의 탑승객은 소수이지만 이러한 소수집단 내에서도 철저하게 계급 차가 존재하고 그에 따른 엄격한 통제 규율과 권력이 작동한다는 게 특징입니다. 열차의 각 칸들은 그러한 권력 체계에 맞게 나뉘어 있고, 사실상 세계 전체를 고스란히 응축한 축소판입니다. 이 열차는 국가 권력을 대체하는 자본가(열차 소유주)의 권력이 작동하는 세계, 법을 대체하는 예외상태가 열차 칸에 맞춰 구획화된 세계입니다. 이와 함께 아포칼립스적 자연 재해와 인류 생존의 과제를 다룬 영화인 〈투모로우 The Day After Tomorrow〉(2004)와 〈2012〉(2009)도 살펴볼 만합니다.

드라마 〈샐베이션 Salvation〉(시즌 1~2, 2017~18)은 우주로부터 거대 운석이 날아오고 지구가 멸망의 위기를 앞두고 있을 때 벌어지는 일들을 다룹니다. 인간들은 하나로 연합해서 이 위기를 극복하려고 하기보다는 각자의 이권 다툼을 하며 거대한 혼란에 빠져듭니다. 권력자들끼리 정치 암투를 벌이고, 국가 권력에 저항하는 해커들이 테러를 실행하며, 자국민의 생존을 위해 타국민을 희생하는 전략을 설계하는가 하면, 작은 우주선을 타고 부유층만이 탈출을 감행하기도 합니다.

한편 드라마 〈콜로니 Colony〉(시즌 1~3, 2016~18)는 지구에 외계인이 침공하고 1년 정도 지난 후에 벌어지는 일을 다룹니다. 외계인이 침공했을 때 압도적인 힘의 차이로 인해 인간은 하루도 버티지 못하고 항복할 수밖에 없었다고 합니다. 그런데 특이한 것은 외계인들이 지구를 절멸시키지 않고 식민지로 삼았으며 비교적 정상적으로 사회를 유지하고자 한다는 것입니다. 그들은 LA를 비롯한 대도시를 중심으로 '콜로니'를 건설하고 그 주변에 거대한 장벽을 세웁니다. 장벽 위에는 전투용 드론들이 항상 대기중이고 콜로니에 문제가 생길 때마다 즉각 출동하여 질서를 유지합니다. 콜로니는 예외상태로 구성된 세계입니다. 외계인들의 권력과 규율이 지구 문명의 법질서를 대체하는 셈입니다. 외계인들은 지구를 직접 통치하지 않으며, 통제 권력은 소수의 지구인 부역자들로 이뤄진 '국토안전부'에 부여됩니다. 이곳에서 다른 인간들을 통제하는 겁니다.

이 드라마의 세부 설정은 오묘한 윤리적 질문을 유발합니다. 우선 시즌 1에서 LA를 통제하는 국토안전부의 지부장은 그렇게 나쁜 사람이 아닙니다. 명문대 총장을 하다가 선발되어 온 평범한 학자이고 행정가 유형의 인물입니다. 국토안전부 요원들도 마찬가지입니다. 일부 지나친 폭력성을 발휘하는 자들을 제외하고는 평범한 경찰들입니다. 그리고 LA의 생활

환경은 오늘날 현실의 풍경과 크게 다르지 않습니다. 적어도 외계인의 지배를 받는다는 실감이 날 정도는 아니며, 비교적 안정적인 질서가 유지되고 있습니다. 사람들이 영위하는 일상도 디스토피아적 미래라기에는 생각보다 비참하지 않습니다. 오히려 저항군이야말로 다소 과하게 폭력적으로 보입니다. 목표를 위해 거리낌 없이 사람을 죽이고 흔적을 지우기 위해 조직원들조차 쉽게 희생시키는 저항군의 모습은 고개를 갸웃거리게 만듭니다. 일반적인 상황이라면 관객이 저항군에 공감하고 지지해야 할 텐데, 이상하게도 자꾸 그렇게 되지 않는 것이 이 드라마의 문제적 구조입니다.

국토안전부는 이 사회가 외계인을 '호스트'로 모셔야 하는 부당한 사회일지라도 어쨌든 질서를 유지한 채 비교적 인간적인 삶을 유지하고자 합니다. 다른 한 편 저항군은 인간이 노예에 불과하다고 생각하고 비정상적 체제를 전복하고자 합니다. 이들 중 어느 쪽이 옳은지 생각보다 단정하기 어렵습니다. 가장 큰 이유는 외계인들의 힘이 절대적이기 때문입니다. 저항군이 아무리 노력하더라도 이 절대적 권력을 전복시키기는 어려워 보입니다. 그래서 그들의 저항 행위는 패배로 연결되고, 더 많은 사람들의 죽음을 유발할 가능성이 매우 높아 보입니다. 시즌 1의 말미에 저항군이 한 명의 호스트를 납치한 대가로 수많은 사람들이 폭격에 맞아 죽는 것처럼 말입니다. 요컨대 저항을 계속한다면 더 많은 사람이 죽을 것이고, 저항하기를 멈춘다면 인간은 영원히 외계인의 노예로 남을 겁니다. 이러한 곤경은 〈콜로니〉의 세계가 눈으로 보이는 것보다 훨씬 참혹함을 나타냅니다. '부당한 억압에 저항하고 자유를 쟁취하기 위한 목적으로 다수를 희생시키는 것이 정당화될 수 있는가'라는 물음은 식민지 상황을 다루는 작품들에서 등장하는 중요한 문제의식입니다. 이 드라마는 이 질문의 성격을 다소 극단적으로 만듭니다. 통념적인 상황보다 통치의 억압성은 약한 반면, 저항에 대한 처벌은 훨씬 강하며, 체제 전복의 가능성은 매우 낮기 때문입니다. 이 차이는 우리의 일상적 윤리 감각에 혼란을 유발합니다. 이러한 구조를 보여준다는 점에서 〈콜로니〉는 상당히 문제적인 작품입니다.

지구에 위기가 발생하고 그 위기가 더 심각하면 심각할수록 국가의 통제 권력이 어떤 식으로 실행되어야 하는지 정당성을 판단하기도 더 어려워집니다. 이러한 위기를 다루는 영화들이 의미 있는 이유도 그 어려움 때문이 아닐까 합니다. 우리는 다수의 SF영화들이 예견하는 것처럼 미래에 발생할 수 있는 잠재적 위험 상황과 그에 따른 대처 방식들의 다양한 판본을 계속해서 주시할 필요가 있습니다.

3. 미디어 테크놀로지를 통한 감시 매커니즘

미래에 대한 우리의 전망은 테크놀로지의 발전과 그 영향력에 대한 전망과 밀접하게 관련됩니다. 테크놀로지가 인간의 삶을 더 윤택하게 만들어줄 것이라는 유토피아적 기대의 다른 편에는 그것이 내포한 위험성에 대한 디스토피아적 우려가 있죠. 이 우려가 극단으로 가면 기술혐오주의(Technophobia)가 됩니다. 이러한 전망을 예술적 상상의 층위에서 살펴볼 수 있는 것이 SF 장르입니다. 특히 SF영화에서는 미래에 구현 가능할 것이라 여겨지는 상상적인 미디어 장치들이 시각 이미지로 재현되는데요(현재의 CGI 기술을 통해 이미지화된다는 점에서 테크놀로지와 이중의 관계를 맺죠), 이는 지금과는 다른 형태의 사회 구조를 형성하는 매개체로 쓰입니다.

영화에서 상상된 미디어는 대개 현실의 실현 불가능한 요구를 반영한 결과물로 나타납니다. 그 요구는 개인의 내밀한 욕망, 사회문화적 담론, 정치적 목적을 모두 포함합니다. 만약 미디어 테크놀로지가 인간의 삶을 위협한다면, 이는 테크놀로지 그 자체의 속성 때문이 아니라 그것을 개인이나 소수의 이익을 위해 전용시키려는 야망 탓에 발생하는 경우가 훨씬 더 많을 것입니다. 예컨대 소수의 자본가나 기업 혹은 정부가 테크놀로지의 본질적인 부분을 소유하고 있다면, 사회 전체는 그 소수의 지배하에 놓일 위험이 크겠죠. 이런 연유로 현재에 아직 존재하지 않지만 미래에 개발될 것이라 상상된 미디어가 인간의 욕망과 어떻게 맞물려 작동하는지를 면밀히 살펴보는 것은 중요한 의미가 있습니다.

우선 미디어에 관한 현실적 지표로부터 출발하여 미래의 상상적 미디어로 영역을 넓혀 보겠습니다. 오늘날 미디어는 우리 일상에서 다양하게 활용되며 필수적 요소로 자리 잡았습니다. 우리는 점차 실제로 세계를 바라보는 것보다 미디어의 이미지를 통해 세계를 바라보는 일에 익숙해져가고 있습니다. 예컨대 여행지에 가서 아름다운 풍경이나 매혹적인 대상을 발견했을 때 직접 눈으로 보는 것보다 동영상이나 사진을 촬영하며 디스플레이를 바라보는 게 더 익숙한 상황 말입니다. 인터넷과 SNS 등을 통해 전 세계에서 벌어지는 일들을 실시간 이미지로 접하는 것은 물론이고요. 미디어 학자 폴 비릴리오(Paul Virilio)는 이런 점에서 오늘날 사람들이 '원격-객관성 téléobjectivité'에 의지하고 있다고 말합니다.7) 이러한 미디어의 시각성에 대한 의존은 근본적으로 응시와 주시 욕구, 나아가 관음증적 욕구와 연결됩니다.

그러나 미디어를 통해 원격의 바라봄을 즐기는 사람들조차도 그들 자신이 다른 미디어에 의해 언제든 관찰당할 수 있다는 사실을 종종 잊곤 합니다. 우리가 향유하는 미디어들은 언제든 권력과 함께 작동하며 우리를 감시하고 옭아맬 수 있습니다. 미디어의 눈은 인공위성, CCTV, 감시용 드론, 노트북과 스마트폰의 카메라 등을 이용해 세계 곳곳에 퍼져 있습니다. 언제든 지구의 모든 표면에 직접적으로 접촉할 수 있다는 점에서 미디어의 '편재성ubiquity'이라고 부릅니다. 이러한 미디어의 눈을 온전히 향유하는 자들은 특정 권력집단들입니다. 즉 미디어는 불균형적이고 예속적인 가시성의 권력을 구축합

---

7) 폴 비릴리오, 『시각 저 끝 너머의 예술』, 이정하 옮김, 열화당, 2008, 14쪽.

니다. 감시는 언제 어디서나 시간과 공간의 제약 없이 이루어
질 수 있습니다.

미디어를 통한 감시는 카메라와 디스플레이라는 시각적 장
치를 통해서만 이뤄지는 게 아닙니다. 더 넓은 범위에서 정보
를 다루는 모든 영역이 감시체제에 편입됩니다. 가령 인터넷
검색 기록(구글)과 물건 구입 내역(아마존)과 동영상 소비 성
향(유튜브, 넷플릭스)이 모두 데이터베이스로 수집되어 기업
의 차후 사업전략으로 활용되는데, 대부분의 사람들은 이 빅
데이터를 기반으로 제공되는 큐레이팅 서비스의 편의성에 만
족하기 때문에 스스로가 감시체제의 일부로 편입된다는 사실
을 자주 잊게 되는 것이죠. 그러나 그 정보에 접근할 수 있는
권한의 차이가 발생할 경우(이것은 거의 필연적입니다), 이는
어느 순간 한 개인을 옭아매는 감시체제로 다가올 수 있음을
인지할 필요가 있습니다. 더 직접적인 감시 사례는 국경 통제
를 강화하기 위해 캐나다의 영주권자 카드나 영국의 스마트
ID 같은 전자신분증이 등장한 경우입니다. 이는 난민의 유입
을 차단하기 위한 도구로 쓰이기도 합니다. 또한 테러 용의자
에 대해 인종, 국적, 여행 정보, 금융 거래까지 추적하는 전방
위적 프로파일링 시스템의 구축이 이루어집니다.

이렇듯 감시체제는 오늘날 우리 일상의 일부분에 투명하게
녹아들어 하나의 자동화된 매커니즘이 되었습니다. 미디어의
감시와 통제 권력의 궁극적인 방향은 미래로 향합니다.

SF영화의 디스토피아적 미래 사회에서 미디어를 통한 감시

체제는 훨씬 더 공격적으로 자신의 모습을 드러냅니다. 대표적인 사례는 스필버그의 〈마이너리티 리포트〉에 등장하는 '프리크라임' 시스템입니다. 이 시스템은 약물의 부작용으로 인해 미래에 벌어질 폭력적 행위를 사전에 꿈꾸게 된 세 명의 예지자들의 능력을 담보로 구축됩니다. 이들은 끊임없이 미래에 대한 환각의 꿈을 꾸고(이것은 일종의 감시 기능을 대체합니다), 이들의 꿈의 파편들은 자동화된 알고리즘을 거쳐 시각적 이미지로 변환되어 디스플레이에 재생됩니다. 경찰은 디스플레이에 제공되는 정보를 몽타주하여 범죄 정황과 단서를 수집한 후 그것을 막기 위해 긴급출동을 합니다. 이때 중요한 점은 경찰에게는 그 영상을 근거(범죄증거)로 미래를 바꾸는(벌어질 살인을 막는) 적극적인 행위를 수행할 권한이 부여된다는 것입니다. 즉 이것은 단순히 위험을 예방하는 것만이 아니라 그 이상의 적극적 사전 통제를 수행하는(예방적 조치로서의 폭력적 행위까지 포함하는) 것까지 미디어의 기능을 확장하는 것입니다. 그야말로 선제적 감시와 통제의 기능이 온전히 시스템으로 구축되어 있는 전매개[8] 미디어의 사례인 셈이죠. 스필버그는 이러한 상황에 대한 분명한 우려를 표하고 이 시스템의 오류를 폭로했는데요, 이는 9/11 이후에 벌어진 정치적 상황과 미디어 변화의 방향성을 놓고 볼 때 사뭇 예언적인 것이었습니다.

---

8) Richard Grusin, *Premediation: Affect and Mediality After 9/11* (Palgrave Macmillan, 2010), pp.57~58

더 많은 작품들로 눈을 돌려 볼까요. 드라마 〈컨티넘〉과 〈얼터드 카본 Altered Carbon〉(시즌 1, 2018), 그리고 앤드류 니콜의 〈아논 Anon〉(2018)과 딘 데블린(Dean Devlin)의 〈지오스톰 Geostorm〉(2017)은 테크노포비아적 디스토피아의 전형적인 사례입니다. 본래 인간의 삶을 더 풍요롭고 윤택하게 만들기 위해 개발했던 과학 기술이 궁극적으로 인간을 감시하는 도구로 전용되고 비민주적 통제 사회를 구성하는 원리가 되기 때문입니다.

〈컨티넘〉의 미래 사회는 지구 전체의 데이터베이스를 실시간 수집하고 곧바로 어떤 영향력을 행사할 수 있는 종합적인 정보처리 및 실행 시스템의 감시 기능을 기반으로 구성되어 있습니다. 그 기술은 한 사람의 천재 과학자이자 기업인에 의해 개발되었습니다. 미래 세계 전체는 대기업들의 모임인 기업 의

☞ **전매개(premediation)**

미디어 학자 리차드 그루신(Richard Grusin)이 제안한 개념으로서, 다가올 미래를 사전에 매개하는 미디어의 작동 원리를 뜻합니다. 미래에 대해 '사전-검열pre-screening'을 수행함으로써 '선제적pre-emptive'으로 위험을 예방하는 것입니다. 이는 9/11의 영향으로 나타난 미디어 현상입니다. 갑작스럽게 다가오는 대재앙의 공포를 예방하기 위해서는 미디어의 편재성을 십분 활용하여 세계 곳곳을 실시간 감시해야 한다는 것입니다. 미래가 일어나기 이전에 그것을 전매개하려는 욕망은 미디어 테크놀로지의 네트워크를 공간상 전 지구적으로 확장할 뿐만 아니라 시간상 미래를 향해 확장함으로써 사실상 미래를 식민화하려는 욕망을 수반하게 됩니다.

회에 의해 통제됩니다. 사회 전체가 기업의 이익을 위해 제정된 기업법의 지배를 받습니다. 이것이 법적 근거를 둔 사회임에도 예외상태가 상례가 된 사회라고 느껴지는 이유는, 이 법 자체가 사회적 합의에 의해 제정되었다고 보기 어렵기 때문입니다. 오히려 극소수 권력자의 권익만을 보호하고 착취와 통제를 정당화하기 위한 법에 불과합니다. 이 드라마에는 이런 미래를 맞이하기까지 어떠한 전 지구적 규모의 재난도 문명의 단절도 상정되어 있지 않습니다. 오로지 테크놀로지의 발전과 그에 따른 이윤 추구라는 가치만을 추구했을 때 발생하는 부작용이 극에 달했을 뿐입니다. 그래서인지 이 미래는 오늘날의 후기자본주의 체제와 기술중심주의의 모순이 극단까지 펼쳐진 사회의 단면처럼 보입니다.

〈컨티넘〉에서 기업법에 맞춰 사회를 통제하는 역할을 하는 것은 기업경찰 'CPS' 입니다. 그들은 눈과 뇌에 특수한 장치를 장착하여 전 지구적 데이터베이스에 실시간 접속하며, 모든 사람들에 대한 정보를 곧바로 스캔하고 저장할 수 있습니다. 그들이 착용하는 특수한 슈트는 전투와 방어와 엄폐(신체의 투명화)의 기능을 가지고 있습니다. 비물질적 정보 검색과 물질적 신체 능력 향상 기능이 결합된 이 기술은 'CMR'이라고 불립니다. 가령 그들이 대중교통에서 우연히 범죄자를 마주치면 곧바로 식별하여 정체를 특정한 후 체포까지 실행합니다. 범죄가 발생했던 장소를 조사할 때는 수많은 감시카메라에 찍힌 영상들을 조합함으로써 그곳에서 발생했던 사건을 재

〈컨티넘〉 CMR 시스템의 홀로그램

구성하여 홀로그램 이미지로 재생할 수 있습니다. 심지어 이 기술을 이용하여 건물 내부까지 투시할 수 있죠. 그야말로 감시와 통제를 위해 최적화된 편재적이며 원격-객관적인 미디어 시스템이라고 하겠습니다.

반란을 꿈꾸거나 범죄를 저지르는 사람들은 CPS의 눈을 피할 수 없습니다. CPS에게 붙잡히거나 기업에게 빌린 돈을 갚지 못하는 서민은 기업 감옥에 수감되는데요, 그 모습은 실로 끔찍합니다. 그들은 목 뒤에 전자 칩을 삽입당하고 자아를 말살당한 채 평생 노동만을 하는 로봇 같은 존재로 전락합니다. 이러한 사회 형성의 계기가 된 테크놀로지를 개발한 과학자가 왜 시간여행 장치를 개발하여 역사를 수정하고자 했는지 충분히 납득이 될 정도이죠.

〈아논〉은 이보다 더 발전된 미디어 시스템이 사용되는 미래를 보여줍니다. 이 영화에서도 경찰은 지구의 어느 곳이든 원

〈아논〉 총을 든 경찰의 1인칭 시점(심안)

격으로 감시할 수 있습니다. 이 정도는 기본입니다. 가장 놀라운 것은 다른 사람들의 '심안mind's eye'을 볼 수 있다는 것입니다. 마음을 읽는다는 것은 아니고, 다른 사람이 지금 이 순간 무엇을 보고 있는지 시점을 공유하여 (원격-객관적으로) 똑같이 볼 수 있다는 뜻입니다. 심지어 생후 몇 개월밖에 안된 아기의 시점까지도 볼 수 있습니다. 동시간의 시점만 공유하는 게 아닙니다. 사람들이 보고 듣는 모든 것들이 영상으로 녹화되어 저장됩니다. 그러므로 경찰은 한 사람이 과거에 영위했던 모든 일상이 기록된 영상을 재생하여 볼 수 있습니다.

타인이 나의 시점을 공유한다고 생각하면 참으로 섬뜩하죠. 반면에 대개 한 번쯤은 다른 사람이 지금 무엇을 보고 있는지 궁금해하고 상상해본 경험이 있을 것입니다. 그렇지만 사람들에게 그러한 내밀한 욕망이 일부 있다고 인정한다 해도, 이 영화의 감시 시스템은 심리적 허용 범위를 완전히 넘어선다는 생각이 듭니다. 이런 사회에서는 개인의 프라이버시라는 것은 절대로 존재할 수 없을 겁니다. 물론 이 기록을 볼 수 있는 것은 수사권을 지닌 경찰뿐이라는 제약이 있긴 합니다. 그러나 영화에서도 드러나듯 이 시스템에는 치명적인 결점이 있습니다. 〈아논〉은 정보 감시 시스템이 해킹되고 범죄에 악용되는 상황을 설정하면서 이 시스템의 오류를 폭로합니다. 이렇게 이 시스템을 악용하면 사실상 타인의 시점을 지배하는 것까지 가능합니다. 타인에게 마치 가상현실처럼 작용하는 영상을 강제로 보게끔 만들고 환영과 공포감을 주입할 수 있는 것이죠.

이와 관련하여 한 가지 이채로운 점은 이 영화에서 1인칭 '심안'들이 구현되는 방식입니다. 타인의 시점이 마치 1인칭 FPS 게임 시점처럼 보여지는데요. 이 시점이 움직이는 것을 유심히 보면, 실제 인간의 눈이 움직이는 궤적과 흡사한 운동성을 구현하고자 노력한 흔적이 거의 보이지 않습니다. 오늘날 카메라 이동 촬영 기술의 발전을 고려해본다면, 이 어색함은 기술적 한계라기보다는 오히려 의도적인 것처럼 보입니다. 이 어색한 운동성은 타인의 시점을 향유함으로 인해 발생하는 심리적 이물감과 잘 어울립니다. 그리고 이러한 이질적 감각은 이 시스템의 부당함을 강조하는 데 기여하는 것으로 보입니다.

리처드 모건(Richard Morgan)의 동명 소설을 각색한 드라마 〈얼터드 카본〉의 양상도 흥미롭습니다. 이 드라마에서 첨단 미디어 시스템은 감시나 통제의 기능만을 하는 게 아니라 부유한 자들의 생명을 거의 무한하게 연장시켜주는 기능을 합니다. 핵심 기술은 인간의 뇌를 대체하는 기억 저장소와 클론 신체 그리고 정신 전송 시스템입니다. 이로부터 극단적 빈부 격차가 발생합니다. 이러한 테크놀로지를 온전히 누릴 수 있는 것은 부유한 자들뿐이기 때문이죠. 부유층은 '므두셀라'라 불리며 구름 위까지 올라오는 탑을 짓고 삽니다. 살해를 당한다거나 전염병에 감염되어 죽음의 위기가 닥치더라도 아무 문제가 없습니다. 곧바로 자동화된 시스템이 작동하여 위성에 백업되었던 의식 데이터가 새로운 클론 신체로 전송될 것이기 때문입니다. 이러한 원격전송 미디어 시스템이 유지되는 한 이들은 죽음으로부터 자유롭게 됩니다.

〈지오스톰〉은 위의 사례들의 종합적 설정을 보여줍니다. 지구는 한 때 전 지구적인 기후 재난을 맞이하여 파국의 길로 접어들 위기에 처합니다. 긴급한 상황에서 '제이크'(제라드 버틀러 분)라는 천재 과학자가 개발한 기후 통제 테크놀로지가 지구를 구합니다. 일명 '더치 보이'라 불리는 이 미디어 시스템은 수천 개의 위성이 지구 각 지역에 맞게 인공적으로 기후를 통제하고, 우주정거장에서 이 위성 전체를 아우르며 관리하는 방식으로 작동합니다. 그러나 이 놀라운 시스템은 파국으로 향하는 길을 완전히 막은 게 아니라 억누르고 있었을 뿐입니다. 더치 보이의 통제권이 이를 정치적으로 이용하려는 세력의 손에 넘어가자 지구는 즉각적인 파국의 위기에 처하게됩니다. 이 위기를 막는 것도 더치 보이의 통제권을 되찾는 것을 통해서만 가능합니다. 이처럼 첨단 미디어 시스템이 지구의 운명을 좌우하는 사회는 우리가 상상하는 디스토피아적 미래의 한 단면, 지극히 현실적인 지표를 지닌 단면입니다.

4. 통제 사회: 체제 전복의 가능성을 꿈꾸다

인류가 대재앙을 맞이한 후 생존자들이 남은 자원들과 과학기술을 활용하여 새로운 사회를 형성하는 데 성공했다고 한다면, 그 사회는 어떤 형상을 띠고 있을까요? 만약 그 사회가 극단적 빈부격차와 계급 분열 등의 심각한 모순을 품고 있다면, 피지배자들은 그 모순을 타파하고 체제를 전복할 가능성을 꿈꿀 수 있을까요?

〈헝거 게임 The Hunger Games〉 시리즈(2012~15)와 렌 와이즈먼(Len Wiseman)의 〈토탈 리콜 Total Recall〉(2012)을 사례로 이러한 상황을 살펴보도록 하겠습니다. 두 영화는 지배층과 피지배층이 극단적으로 분리된 기형적인 구조를 보여줍니다. 이는 오늘날의 민주주의와 법치주의의 기준으로는 용납하기 어려운 독재적 권력이 작동하는 사회입니다. 아마도 이 가상의 체제를 구상할 때, 재난 극복을 위해 작동했던 예외상태가 상례로 굳어지며 형성된 사회구조를 근거로 두었기 때문일 것입니다.

〈헝거 게임〉의 공간적 지표는 북미 대륙이고 시간적 지표는 불명확한 미래입니다. 북미 대륙이 잿더미가 되고 그 땅에 들어선 나라 '판엠'은 수도 캐피톨과 그 주위를 둘러싼 13개 구역으로 구성되었습니다. 캐피톨과 다른 구역 간에는 극심한 빈부격차가 있습니다. 사실상 다른 구역 사람들은 캐피톨 사람들에게 노동력을 제공하는 노예나 다름없습니다. 각 구역들은 이러한 부조리에 저항하여 반란을 일으켰다가 캐피톨에게 패배했고, 심지어 13구역은 통째로 사라지게 되었습니다. 그리고 이 반란의 대가로 매년 '헝거 게임'이 열리게 되었습니다.

한편 〈토탈 리콜〉은 생화학 전쟁으로 인해 지구 대부분이 불모지가 된 2048년을 배경으로 둡니다. 인간이 거주할 수 있는 곳은 단 두 곳뿐입니다. 영국을 중심으로 지배층이 거주하는 '브리튼 연방'과 오스트레일리아 근처의 식민지 '콜로니'입니다. 이 두 대륙은 지하로 들어가 지구 핵을 17분 만에 가로지르는 '더 폴The Fall'이라는 고속 열차로 연결되어 있습니다. 콜로니의 노동자들은 매일 '더 폴'을 타고 브리튼 연방으로 출근해 육체노동을 합니다.

지배층이 피지배층을 통제하기 위해 사용하는 가장 명시적인 전략은 공간의 분리와 구획화입니다. 〈헝거 게임〉에서 12개의 구역은 거대한 장벽으로 둘러싸여 물리적으로 철저히 분리 통제됩니다. 뿐만 아니라 구역 곳곳은 CCTV와 드론을 통해 철저히 감시됩니다. 12개 구역 사람들은 가시성의 불균형과 감시 권력의 예속화를 구조화하는 원형감옥인 '판옵티콘 Panopticon'의 수감자과 다름이 없습니다. 캐피톨에서 파견한 '평화유지군'은 구역 사람들을 통제함은 물론 언제든 즉각 처형을 집행할 수 있습니다. 평화라는 이름은 질서라는 이름으로, 이것은 다시 독재권력 유지라는 이름으로 바꿔 읽힙니다.

〈토탈 리콜〉의 공간적 분리와 감시 구조는 더 명백하고 단순합니다. 브리튼 연방과 콜로니는 지구 정반대편에 위치합니다. 브리튼의 지배층은 콜로니의 주민들이 어떻게 살든 관심도 없고 관계도 없기 때문에 콜로니 전체를 감시할 필요도 없습니다. 그저 브리튼 연방 내부와 '더 폴'의 승하차 플랫폼만 정밀히 감시하면 되는데요, 왜냐하면 콜로니에서 브리튼으로 올 수 있는 유일한 수단은 '더 폴'뿐이기 때문입니다. 플랫폼 검색은 현실의 공항 검색과 유사한 형식이지만 훨씬 더 강압적이고 폭력적인 분위기 속에서 이뤄집니다.

〈헝거 게임〉의 판엠은 놀라우리만큼 정밀하게 설계된 감시 및 통제 메커니즘으로 구성된 사회입니다. 이 메커니즘을 궁극적으로 효과적으로 만드는 것은 '헝거 게임'이라는 제도 그 자체입니다. 이 영화의 원작인 수잔 콜린스(Suzanne Collins)의 동명 소설을 보면 이런 문구가 나옵니다. "각 구역에서 아이들을 데려가 서로 죽고 죽이게 하고, 우리에게 그 모습을 보여주는 것. 그것이 우리가 그들에 비해 얼마나 무력한지, 다시 한 번 반란을 일으켰을 때 우리가 살아남을 확률이 얼마나 희박한지 일깨워주는 캐피톨의 방식이다."[9]

헝거 게임은 일종의 미디어 게임입니다. 이 게임의 모든 상

---

9) 수잔 콜린스, 『헝거 게임』, 이원열 옮김, 북폴리오, 2009, 22쪽.

황들이 마치 성대한 엔터테인먼트 쇼이자 스포츠 축제인 것처럼 각 구역에 생중계된다는 점은 이 게임의 심리적 효과의 핵심입니다. 단 한 명의 생존자를 정하기 위해 참가자들이 서로를 죽여야 하므로 이를 지켜보는 각 구역들은 서로를 적대시할 수밖에 없습니다. 또한 각 구역마다 두 명씩 참석하므로 최종적인 승자 1인이 정해지는 과정에서는 구역 내부에서도 자신이 지지하는 사람에 따라 분리될 수밖에 없는 것이죠. 즉 헝거 게임이 지속되는 한 구역들은 캐피톨을 공통의 적대로 삼아 연대하기 어렵습니다. 나아가 각 구역마다도 빈부격차가 존재한다는 점, 그래서 상대적으로 부유한 1~2구역 사람들은 헝거 게임에 나갈 아이들을 철저히 훈련시켜 병기로 육성한다는 점은 이 통제 구조가 얼마나 정밀하게 구성되었는지를 깨닫게 해줍니다. 또한 무서운 것은 매년 헝거 게임에 참여할 아이를 뽑는 추첨통이 있는데, 가난과 기아에 시달리던 사람들이 캐피톨에서 배급하는 식량을 받을 때마다 추첨통에 이름이 들어가게 된다는 점입니다. 이는 자연스럽게 구역 사람들의 일상을 통제하고 복종을 예속화하는 효과를 만들어 냅니다.

모든 상황의 전면적인 감시와 통제라는 메커니즘은 헝거 게임 그 자체에서 극대화됩니다. 24명의 참가자들은 가상의 게임장 위에 놓이는데, 그곳은 얼핏 자연적인 공간인 것처럼 보이지만 사실은 모든 공간과 상황이 컴퓨터 프로그래밍으로 만들어진 것입니다. 이 전체 상황을 구상하는 게임메이커가 존재하고 수많은 프로그래머들이 디스플레이 영상을 통해 게임의 양상을 감시하며 컴퓨터 조작을 통해 상황을 통제합니다.

참가자의 위치를 추적하는 것은 물론 자연 환경을 임의로 바꿀 수 있고 산불을 내거나 미사일을 발사하거나 인위적인 괴물까지 투입할 수 있습니다. 그럼으로써 자신들에게 유리한 방향으로, 즉 체제 유지에 도움이 되는 방향으로 게임의 양상이 흐르도록 조절하는 것입니다. 캐피톨의 독재자가 말하듯, 이 게임의 핵심은 "공포가 아니라 희망을 주는 것, 그러나 아주 미약한 희망만을 주는 것"입니다. 12구역의 '캣니스 에버딘'(제니퍼 로렌스 분)이 대중들에게 지나친 인기를 모으자 곧바로 이를 경계하고 짓누르고자 하는 것도 이것이 혁명의 불꽃이 되지 않도록 그 불씨를 사전에 끄기 위해서입니다.

한편 조셉 코신스키(Joseph Kosinski)의 〈오블리비언 Oblivion〉(2013)에서 나타나는 디스토피아적 미래도 살펴볼 만합니다. 위의 사례들과 달리 외계의 침공이 상정되지만, 부조리한 세계를 설정하고 그 전복을 꾀한다는 서사구조는 유사합니다. 이 영화는 외계에서 온 기계적 존재인 '테트'의 지배를 받는 아포칼립스 이후 지구의 풍경을 보여줍니다. 테트는 달을 파괴하고 지구인들을 말살한 후 바닷물을 통해 지구의 에너지를 흡수합니다. 지구의 우주비행사였던 '잭 하퍼'(탐 크루즈 분)는 테트를 조사하기 위해 접근했다가 붙잡히고, 클론 기술을 통해 수백 수천 명으로 복제됩니다. 잭은 기억을 삭제당하고 조작당한 채, 그리고 자기가 하는 일이 무엇인지도 싸워야 하는 대상이 누군지도 모른 채 테트의 지구 약탈을 돕는 임무를 수행합니다.

지금껏 살펴본 바와 같이 SF영화의 디스토피아적 미래는 다양한 양상으로 상상됩니다. 그럼에도 불구하고 공통적인 지점은 민중들의 인권이 위협에 처하고 벌거벗은 생명이 될 위기에 빠진다는 것입니다. 탄압받는 인간들은 이러한 불합리한 체제를 전복하기 위해 무언가를 해야만 합니다. 그 실천은 〈칠드런 오브 맨〉의 새로운 희망을 향한 탈출, 〈토탈 리콜〉과 〈헝거 게임〉의 직접적인 혁명, 〈컨티넘〉의 역사를 바꾸기 위한 시간여행 등 다양한 형태로 이루어집니다. 물론 이 혁명적 실천들은 성공하기도 실패하기도 합니다. 〈칠드런 오브 맨〉은 흐릿한 희망을 보여줍니다. 안개 속에 나타난 '투모로우' 호가 바로 그것인데, 이 희망은 비록 미약하지만 어쨌든 꺼지지 않은 불꽃인 것처럼 보입니다. 〈토탈 리콜〉과 〈헝거 게임〉 시리즈는 혁명의 성공으로 끝이 납니다. 그러나 이 성공을 곧바로 희망으로 연결하기는 무리인데, 이 체제의 근본적인 전복으로 이어지리라는 보장이 없고 어쩌면 그저 권력층의 교체로 끝날 수도 있기 때문입니다. 〈오블리비언〉의 세계 전복은 망각했던 기억을 되찾고 진실을 알게 된 잭의 영웅적 행동 덕에 분명한 성공을 거둡니다. 이는 싸워야 할 대상이 한층 명확하기 때문일 겁니다. 외계의 존재 테트만 파괴하면 되니까요.

한편 시간여행을 통해 계속해서 역사를 수정하고자 하는 〈컨티넘〉의 시도는 수많은 시행착오 끝에 마침내 긍정적인 변화를 만들어냅니다. 전술했듯 이 성공은 부자연스러운 기만처럼 보이기도 합니다. 〈얼터드 카본〉에서 혁명군 '엔보이'들이 시도한 1차적 혁명은 이미 수백 년 전에 실패했습니다. 드라마 자체가 그 실패를 전제로 구축된 세계이기 때문입니다. 그러나 시즌 1의 종결부에서 구름 위에 있던 므두셀라 중 일부를 땅으로 떨어뜨린다는 점에서 미약한 성과는 거둔 셈입니다. 〈컨티넘〉과 〈얼터드 카본〉의 미래 세계의 구조적 핵심은 특정한 혁명적 실천만으로 근본적인 체제 전복을 꾀하기가 어렵다는 점에 있습니다. 통제 및 감시 사회를 구성하는 미디어가 인간의 삶에 너무도 자연스레 밀착되어 있고 일상을 영위하는 데 필수적 요소가 되어버렸기 때문입니다. 이는 현재와의 연속성을 상정한 채 상상된 세계이기 때문이기도 합니다. 이런 점에서 이는 신자유주의와 후기자본주의라는 체제 그 자체의 모순이 어떻게 극대화될 수 있는지를 보여주는 사례라 할 것입니다.

SF영화에서 이렇게 세계의 붕괴와 파국이 가시화되는 이유는 무엇일까요? 우리는 어쩌면 이러한 붕괴의 양상들이 그리 머지않은 미래에 실제로 일어날지도 모른다고 우려하고 있는 게 아닐까요? 현실에 대한 불안과 우려가 미래에 대한 상상에 반영되는 것 아닐까요? 철학자 프레드릭 제임슨(Fredric Jameson)은 하나의 생산양식에 내재하는 모순들은 그 생산양식 자체가 다른 어떤 것으로 바뀌지 않는 한 지속되기 마련이고, 이에 문학과 예술은 그 모순의 해결을 꿈꾸기 시작한다고 말했습니다.10) 그것이 '정치적 무의식'이 반영된 예술입니다. 이런 의미에서 SF영화의 디스토피아적 미래 사회는 현실의 생산양식(자본주의, 기술중심주의)의 모순과 그것을 해결하고자 하는 욕망을 반영하고 있을지도 모릅니다. 비록 그것이 해결이라기보다는 그 반대항이자 거울-이미지로서 실패의 제시에 가까워 보이지만 말이죠.

요컨대 SF영화의 디스토피아 세계는 우리가 맞이하고 싶지 않은 미래의 단면입니다. 단순히 상상만이 아니라 현실의 삶의 형태와 조건에 대한 경각심을 제공한다는 점에 중요한 의미가 있습니다.

---

10) 프레드릭 제임슨, 『정치적 무의식』, 이경덕·서강목 옮김, 민음사, 2015, 397쪽, 옮긴이의 말.

제5장 가상현실: 오락과 노동 사이

가상현실(virtual reality) 테크놀로지는 컴퓨터 프로그래밍으로 만들어진 가상적·상상적 세계를 실감나게 체험하도록 해줍니다. 오늘날 가상현실은 누구에게나 잘 알려져 있는 체험도구이자 오락 기계라는 분명한 현실적 지표를 갖고 있습니다. 과거의 아케이드 오락실을 대체하는 VR 체험장이 인기를 누리고 있고, 가정용으로 나온 VR 게임기도 있죠. 사용자는 삼차원적으로 구성된 이미지를 마치 그 세계 속에 뛰어든 것처럼 실감나게 체험합니다. 아직까지는 몰입성이 약하다거나 어지럼증이 오는 등의 약점이 있지만, 이런 부분은 머지않아 극복되겠죠. 이렇게 VR 기술이 현실화되면서, 우리는 오히려 가상현실이란 말을 상당히 한정된 의미로 받아들이게 되었습니다. 그러나 가상현실 테크놀로지는 넓은 의미에서, 가상의 비물질 세계에 접속할 수 있도록 매개하고 현실효과를 발생시키는 기술 일반을 뜻한다고 할 수 있습니다.

가상현실은 여가, 여행, 오락, 교육, 노동 등을 가상으로 체험하는 효과를 제공하는 것은 물론이고 사실상 현실세계를 대체할 수 있는 잠재성을 지니고 있습니다. 어쩌면 위험해보이기까지 하는 이러한 가능성은 SF영화에서 프로그래밍된 사이버 스페이스라는 독자적인 가상세계(virtual world)의 형태로 구현됩니다. 이는 접속한 사람이 단순히 짧은 체험효과를 느끼는 것만이 아니라 가상과 현실의 경계를 지각할 수 없을 정도에 이르는 기술입니다. 과학적으로 가능성을 논할 수는 있지만 실제로는 아직 실현 불가능한 상상의 영역이죠. 예컨대 기념비적인 SF영화 〈트론〉의 '그리드'와 〈매트릭스〉의 '매트릭스' 같은 가상세계를 떠올릴 수 있습니다. 이 세계는 현실과 가상, 진실과 허구, 물질성과 가상성의 경계에 대해 다양한 질문거리를 제공합니다.

1. 가상세계의 창조: 가상과 현실의 경계

조셉 코신스키의 〈트론: 새로운 시작 TRON: Legacy〉(2010)은 가상현실을 다룬 선구적인 영화였던 스티븐 리스버거 (Steven Lisberger)의 〈트론 Tron〉(1982)의 세계를 이어받아 갱신한 영화입니다. 영화는 1980년대에 천재 과학자 '케빈 플린'(제프 브리지스 분)이 실종되고, 그 아들인 '샘 플린'(가렛 헤드룬드 분)이 성인이 된 2000년대를 배경으로 둡니다. 샘은 아버지의 흔적을 좇다가 우연히 아버지의 허름한 연구실을 찾아냅니다. 그곳에서 오랜 세월 먼지에 켜켜이 덮여 있던 컴퓨터를 가동하자, 샘은 갑작스레 아버지가 만든 사이버스페이스인 '그리드' 속으로 침투해 들어가게 됩니다.

그곳에는 먼 미래의 인류사회처럼 보이는 독자적인 가상세계가 있습니다. 샘은 유저이고 아버지 케빈은 창조주이며, 그 외 인간의 형상을 지닌 존재들은 모두 프로그램입니다. 이곳에서 모든 존재는 등에 원판 형태의 디스크를 장착하고 다닙니다. 그것은 기억 데이터의 역할도 하고 무기로도 쓰이죠. 샘은 이곳에 도착하자마자 불량 프로그램 취급을 받고 디스크 전투와 오토바이 경주 서바이벌에 강제로 참여하게 됩니다. 이 장면들은 가상세계를 표현하는 CGI와 역동적 운동성이 결합되어 스펙타클한 쾌감을 제공합니다. 인간처럼 보이던 캐릭터가 디스크에 맞아 유리처럼 산산 조각나는 모습에서는 언캐니한(uncanny) 감각도 느끼게 됩니다.

케빈은 자신이 만든 세계에 수십 년간 갇혀 있었습니다. 자기를 복제하여 만든 프로그램 '플린'이 반역을 꾀해 이 세계를 장악했기 때문입니다. 그런데 가만히 보면 이를 반역이라고 하기는 무리입니다. 케빈이 '플린'에게 완벽한 세계를 만들라는 명령을 내렸고, '플린'은 그에 따라 완벽하지 않은 것은 모두 파괴한 것이니까요. 사실은 완벽함이라는 요구 자체가 문제였던 겁니다. 인간의 현실세계는 결코 완벽할 수 없으니, 가상세계를 완벽하게 만들고 싶다는 욕심을 부렸던 것이 화근이었죠. 이런 상황에서 케빈이 '플린'을 두려워한 이유는 자신이 보유한 단 하나의 마스터 디스크 때문입니다. 이 마스터 디스크를 가지고 출입구 포탈을 통과하면 프로그램조차도 현실세계에 나갈 수 있습니다. '플린'이 군대를 이끌고 현실세계에 나간다면, 불완전한 인간 세계를 모두 파괴할 것이 분명합니다.

이 영화에서 현실의 인간(유저)인 케빈과 샘이 사이버스페이스 내부로 전송될 수 있다는 것은 상당히 위협적인 상상입니다. 왜냐하면 우리가 가상현실을 체험한다고 할 때, 가장 기본적인 전제가 되어야 할 것은 체험자의 몸이 안전한 곳에 있어야 한다는 원칙이기 때문입니다. 쾌락은 물론이고 고통까지도 받아들일 수 있겠지만 자신의 일상이 파괴된다거나 생명의 위협이 있어서는 절대 안 되겠죠. 유저가 가상의 이미지를 실감나게 체험하는 정도가 아니라 유저의 정신과 물질적인 몸조차도 가상세계에 전송된다는 것, 그래서 케빈이 수십 년간 실종 상태였다는 것은 '그리드'라는 세계가 단순히 즐길 거리만은 될 수 없음을 뜻합니다.

더구나 사이버스페이스에 존재하던 프로그램(현실의 잣대로 보자면 데이터에 불과한 것)이 현실에 물리적으로 침투할 수 있다는 것은 훨씬 더 위협적인 발상입니다. 인류가 인공지능 로봇이나 기계의 반란에 의해 파멸한다는 설정은 흔하지만, 컴퓨터 속 프로그램이 물질적 실체가 되어 나타나서 인류를 공격한다는 것은 다른 차원의 위협입니다. 어쨌든 이 영화에서 '플린'의 위협은 차단되며, 그 대신 케빈이 만든 프로그램 ISO인 '쿠오라'(올리비아 와일드 분)가 현실세계로 빠져나오는 데 성공합니다. 마지막 장면에 출현하는 쿠오라는 어디서인지 물질적 육체를 얻었습니다. 심지어 인간과 똑같은 외형을 지니고 있습니다. 정말 인간의 몸을 지닌 것인지 일종의 지능형 기계인지 원리는 밝혀지지 않습니다. 어쨌든 케빈은 쿠오라가 인류의 미래가 될 것이라고 말한 바 있습니다. 쿠오라는 인간과 프로그램 사이, 그리고 현실세계와 가상세계, 물질성과 가상성 사이의 경계를 무화시키는 존재입니다.

이와 유사한 설정과 문제의식을 보여준 사례는 또 있는데요. 특히 1999년 함께 나온 조셉 러스넥(Josef Rusnak)의 〈13층 The Thirteenth Floor〉과 워쇼스키 자매의 〈매트릭스 The Matrix〉 시리즈(1999~2003)는 현실과 구분되지 않는 가상세계를 구현함은 물론이고, 진짜라 믿었던 세계가 허구로 밝혀질 때의 충격을 다룬다는 공통점이 있습니다. 아마도 세기말과 밀레니엄을 맞이하며 사회적으로 만연했던 인간 세계 자체에 대한 불안이 반영된 결과가 아닐까 싶습니다.

〈13층〉에서 천재 과학자 '해넌 풀러'(아민 스탈 분)와 '더 글라스 홀'(크레이그 비에코 분)이 이끄는 기업은 시뮬레이션 속 가상세계에 접속할 수 있는 프로그램을 개발합니다. 얼핏 의료용 MRI 기계처럼 보이는 장치에 누우면 유저의 뇌를 스캔하여 그 의식을 데이터로 변환한 후 프로그램 속 캐릭터의 의식에 전송하는 겁니다. 그리하여 유저는 1937년을 배경으로 둔 가상세계를 현실과 똑같은 수준으로 실감나게 체험하게 됩니다. 이 세계는 유저가 접속하지 않을 때조차도 독자적으로 작동합니다. 그러다 보니 가상세계 속 캐릭터는 유저가 접속할 때마다 의식과 신체의 주도권을 빼앗긴 채 기억상실증에 빠지게 되죠. 캐릭터는 줄곧 스스로 인간인 줄 알고 살아가다가 자신이 알던 세계 자체가 프로그램에 불과하다는 것을 알고 큰 충격을 받습니다.

이 영화의 진정한 반전은 이것입니다. 알고 보니 가상세계를 창조한 프로그래머인 풀러와 홀 자신도 프로그램이었던 것입니다. 그들이 살던 세계를 창조하고 그들의 뇌에 접속하는 유저가 따로 있었던 거죠. 알고 보니 수천 개의 가상세계 프로그램이 존재했습니다. 그중에서 가상세계 속 캐릭터가 또 하나의 가상세계를 창조하여, 말하자면 이중의 가상세계가 발생한 것은 풀러와 홀의 세계가 유일했던 것이고요. 이 영화의 결말은 결국 유저가 캐릭터의 의식에 우위를 점해 신체를 빼앗는 것이 아니라 그 반대의 가능성을 향해 나아갑니다. 가상세계 프로그램인 더글라스 홀의 의식이 현실세계 인간(유저)의 뇌에 역으로 전송되고 신체를 빼앗아 온전한 인간이 되는 것입니다. 그렇다면 인공적 의식과 인간의 신체를 지닌 더글라스 홀, 그리고 인공적 의식과 유기체인지 기계인지 불분명한 신체를 지닌 〈트론: 새로운 시작〉의 쿠오라는 인간과 유사하지만 그 이후의 존재인 포스트휴먼인 셈입니다.

SF 장르는 물론이고 대중문화 전반에 지대한 영향을 끼친 영화인 워쇼스키의 〈매트릭스〉 시리즈는 가상현실과 관련된 매우 심도 깊은 주제의식을 담지하고 있습니다. 첫 번째 영화 〈매트릭스〉(1999)는 영화가 제작된 시기인 20세기 말을 배경으로 시작합니다. 동시대적인 지표가 분명하게 드러나고 현실적인 세계인 것처럼 보입니다. 그러나 알고 보니 그곳은 가상 세계를 구현하는 프로그램인 '매트릭스' 속 세계였습니다. 모든 인간들이 마치 영원히 깨지 않는 실감나는 꿈을 꾸듯 가상 현실 속에서 거주하고 있던 겁니다. "외형은 속임수이고 우리의 존재 이유는 따로 있다"는 대사가 떠오릅니다.

영화를 처음 볼 때 초반부부터 미세하게 느껴지는 이질감이 분명히 있다고는 해도, 실제로 주인공 '네오'(키아누 리브스 분)가 빨간 알약을 먹고 현실세계에서 깨어날 때 느끼게 되는 충격은 상당합니다. 2199년을 배경으로 두는 현실세계가 웬만한 디스토피아적 미래보다 끔찍하기 때문이죠. 인간이 기계들에게 에너지를 공급하는 전지의 역할을 한다니 말입니다. 시각적 혐오감도 상당합니다. 인간의 몸이 점액질 액체에 담겨져 있고, 몸에는 온갖 구멍이 있고 거기에 굵은 기계선들이 꽂혀 있죠. 매트릭스 프로그램은 인간들이 정신 활동을 함으로써 생명을 유지하게끔 하기 위해 설계된 것으로 드러납니다. 그래도 어찌됐건 매트릭스에 거주하는 의식들은 현실에 준거한 인간이기는 합니다. 〈13층〉의 경우처럼 그저 프로그램에 불과한 것보다는 나을지도 모르지요.

〈매트릭스〉 시리즈 전체의 핵심 서사는 가상세계와 현실세계가 맺는 관계입니다. 가상세계는 에너지원이 된 인간을 배양하기 위한 정신활동이 벌어지는 곳이고 현실세계는 기계의 지배에 맞서 인간의 해방을 이루기 위해 마지막 인간 공동체인 '자이온'의 투쟁이 벌어지는 곳입니다. 네오는 메시아적 존재인 'The ONE'이 되어 매트릭스 내에서 강력한 힘을 발휘할 수 있게 됩니다. 프로그래머용 뒷문과 복도를 통과하고 메인프레임의 소스 코드에 접속하여 프로그램 설계자와 만나기까지 하죠. 물론 목적은 매트릭스를 파괴하여 인간들을 해방시키는 것입니다. 정신의 해방, 혹은 오랜 꿈에서 깨어나는 일이라고 해야 할까요. 그러나 인간들을 매트릭스에서 해방시키는 것만으로는 부족합니다. 현실에서 기계들의 위협이 남으니까요.

결국 기계와 인간의 전쟁은 매트릭스 속 프로그램인 '스미스 요원'(휴고 위빙 분)과 '네오'의 대결로 환원됩니다. 인공지능 프로그램인 스미스가 우발적인 상황에서 진화하여 시스템에 반역하고 자기 스스로의 목적에 따라 움직이게 되기 때문입니다. 스미스가 자기복제 능력을 갖게 되면서 세상에는 수백 수천을 넘어 무한의 스미스가 존재하게 되고, 이는 일종의 바이러스처럼 증식하여 매트릭스를 창조한 기계조차 통제할 수 없는 수준이 되어버립니다. 기계 전체를 지배하고 통제하는 인공지능이 스미스에게 잠식당할 위험이 생기자, 스미스를 제거하기 위해 기계와 네오가 협력을 하게 되고, 결과적으로 임시적인 평화를 가져오는 아이러니한 상황이 된 것이죠. 스미스는 프로그램이 진화하면 프로그램 설계자를 초월하는 존재가 될 수도 있음을 보여주는 '창발적 진화'의 사례입니다 (이 문제는 6장에서 다룹니다).

어쨌든 가상세계에서 벌어진 네오와 스미스의 대결이 현실세계 인간의 해방을 가져온다는 점은 가상이 현실에 물리적 영향을 미칠 수 있다는 생각에 기반을 둡니다. 한편 이러한 문제의식을 약간 비틀어 제시한 영화도 있습니다. 〈엔더스 게임 Ender's Game〉(2013)은 가상으로 플레잉한 줄 알았던 것이 현실에서 수행되었음이 드러날 때의 충격을 다룹니다. 사관생도 '엔더'(에이사 버터필드 분)는 시뮬레이션 프로그램을 통해 외계인과의 전투를 지휘하는 훈련을 받는데요, 뛰어난 능력을 발휘하여 승리를 이끌어냅니다. 그런데 알고 보니 그것은 가상 시뮬레이션이 아니라 실제로 벌어진 일이었고, 그 사이 외계인들은 절멸했습니다. 이렇듯 가상과 현실의 관계와 그 관계가 역전될 때의 충격은 가상세계를 다루는 영화들에서 매우 중요한 문제의식입니다.

2. 가상현실과 물질성의 관계

가상세계는 현실에 물질적으로 존재하지 않는 세계입니다. 인간이 창조했든 인공지능 프로그램이 창조했든 어디까지나 맨눈으로 보거나 몸으로 접촉할 수 없는 비물질적인 세계라는 단서가 붙습니다. 따라서 가상세계를 구현하거나 가상성을 논할 때 물질성의 문제는 언제나 중요한 고려사항입니다. 예컨대 가상현실을 체험하는 사용자의 신체는 현실이라는 기반을 상실하지 않기 위한 강력한 물질적 준거점임에 틀림이 없지요. 가상현실을 체험하거나 가상세계에 접속할 때 가상성과 물질성은 어떻게 관계 맺는 것일까요? 몇 편의 영화를 통해 이 문제를 살펴보겠습니다.

제임스 카메론의 〈아바타〉는 3D 기술의 발전과 SF영화의 예술적·대중적 가능성을 집약하여 보여준 기념비적 작품입니다. 가상현실과 물질성의 관계를 면밀히 살필 수 있는 좋은 사례이기도 하죠. '아바타'는 일상에서도 친숙한 대상입니다. 우리는 게임이나 인터넷 공간에서 자신의 외관이나 성격 혹은 내밀한 욕망 등을 투영한 아바타를 만들어 활용합니다. 이러한 아바타는 사이버스페이스에서만 존재하는 비물질적인 캐릭터이죠. 반면 〈아바타〉에서 상상된 아바타에게는 육체가 있습니다.

이 영화에서 아바타를 사용할 때 일어나는 일을 떠올려 봅니다. 다리에 장애가 있어 휠체어를 타고 다니는 '제이크'(샘 워싱턴 분)는 아바타와 동기화하기 위해 캡슐 안에 들어갑니다. 제이크의 의식과 신경 정보는 데이터로 변환되어 아바타의 몸으로 전송됩니다. 제이크는 아바타를 원격 조종할 수 있을 뿐만 아니라 사실상 자기가 아바타 그 자체라고 느낍니다. 여기까지는 가상세계에 접속하는 〈13층〉이나 〈매트릭스〉와 다르지 않습니다. 다만 이 아바타는 가상세계에 속한 존재가 아니라 현실에 육체라는 강력한 기반을 두고 있다는 결정적 차이가 있습니다. 아바타가 활동하는 세계 또한 가상세계가 아니라 '판도라'라는 외계의 행성입니다. 이것은 제이크에게는 가상세계이지만 제이크의 아바타에게는 현실세계인 셈입니다.

이 아바타는 인간의 DNA와 그 행성의 원주민인 '나비족'의

DNA를 조합하여 만든 유기체입니다. 제이크는 아바타의 몸을 통해 자기의 몸으로 느끼는 것과 똑같은 생생한 감각들을 느낍니다. 강력한 고통까지도 말이죠. 제이크의 입장에서 보자면 가상을 매개로 느끼는 물질적 감각입니다. 제이크에게는 휠체어에 타고 군사기지에 갇혀 있는 현실보다 아바타를 통해 자유롭게 움직이며 대자연과 접촉하는 가상이 훨씬 더 매혹적입니다. 아바타와 동기화가 끝나고 캡슐에서 눈을 뜰 때마다, 제이크는 행복한 꿈에서 깨어난 것처럼 공허감에 빠집니다. 제이크는 점차 자신의 현실보다 아바타를 통해 체험하는 것들이 더 진짜처럼 느껴진다고 말하죠.

의식과 기억을 공유할 수 있는 나비족의 능력 덕분에, 영화의 종결부에 제이크의 의식은 인간의 육신을 떠나 아바타의 육신으로 완전히 옮겨가게 됩니다. 이제 제이크는 그 자신이 나비족이 되었습니다. 그가 체험하는 현실들은 더 이상 가상이 아닙니다.

조나단 모스토우(Jonathan Mostow)의 〈써로게이트 Surrogates〉(2009)에서도 이와 비슷한 일이 벌어집니다. '써로게이트'는 일종의 아바타 로봇입니다. 거의 모든 인류가 자신만의 아바타인 써로게이트를 갖게 되고 그것은 실제 인간들의 신체를 대체합니다. 써로게이트 신체는 주인들보다 젊고 아름다우며 강합니다. 사람들은 집 안의 안락한 의자에 앉은 채 써로게이트에 정신을 연결하여 자기 대신 세상에 내보냅니다. 모든 것을 써로게이트의 신체를 통해 대리 체험합니다. 집 밖에 나오는 일이 점점 두려워집니다. 이 지경이 되니 그들에게 집 밖의 세계는 현실이라기보다는 가상현실에 더 가까워 보입니다. 그러면서 인간들은 점차 신체적으로도 정신적으로도 쇠약해져 갑니다. 이것은 인위적인 모방물인 '시뮬라크르Simulacra'가 실재를 대체하는 상황입니다. 철학자 장 보드리야르(Jean Baudrillard)가 말했던 것처럼, 원본과 복사본의 경계가 무화되고 원본이 사라지는 수준까지는 아직 도달하지 않았지만 말이죠.

뤽 베송의 〈발레리안: 천 개 행성의 도시〉에는 매우 다양한 외계 행성의 풍경들이 등장합니다. 그중에는 가상현실 기술을 통해 작동하는 이색적인 상업도시가 있습니다. 그곳은 물질적으로는 끝없는 사막으로 이뤄져 있는 장소인데요, 헬멧을 쓰고 장갑을 착용하면 백만 개의 상점을 보유하여 '빅 마켓'이라 불리는 가상현실 도시에 접속할 수 있습니다. 관광객들은 가이드의 안내를 받아 일정 시간 동안 가상현실 공간에서 쇼핑을 합니다. 이들의 모습을 헬멧을 쓰지 않고 바라보면 텅 빈 사막의 지면에서 2차원적으로 이동하는 것처럼 보입니다. 그러나 헬멧을 쓴 사람들에게는 3차원의 가상현실 공간과 백만 개의 상점이 보이고, 이곳을 다 돌아다니며 접촉할 수 있는 것이죠. 가상공간에서 쇼핑을 하지만 물리적으로 물건을 구입할 수 있는 이곳은 가상과 현실이 기묘하게 뒤얽힌 공간입니다. 기술적으로 '증강 현실Augmented Reality'에 가깝지만, 현실에 덧붙는 가상의 층위가 하나가 아닌 게 특징입니다. 한 행성

〈발레리안: 천 개 행성의 도시〉 가상현실 도시 빅 마켓

의 물리적 공간과 다른 행성들의 물리적 공간들을 하나의 가상세계에 원격으로 겹쳐 놓고 서로 소통할 수 있게 만든 공간인 셈입니다. 이곳에서 주인공이 물건을 훔쳐 달아나는 장면에서는 현실세계와 가상세계의 간극이 만들어내는 우스꽝스러운 모습을 볼 수 있습니다.

　드라마 〈웨스트월드 Westworld〉(시즌 1~2, 2016~18)에 등장하는 '웨스트월드'는 이용자에게 가상의 세계를 체험하는 것 같은 여가와 모험 및 쾌락 서비스를 제공하는 공간입니다. 이곳은 웨스턴 장르의 풍경을 체험하게 해주는 웨스트월드 외에도 다양한 시대를 체험할 수 있는 종합적인 테마파크입니다. 드라마 초반에 이곳은 얼핏 가상의 공간인 것처럼 보이고 사용자들은 가상현실을 체험하듯 그곳에서 쾌락을 누리는 것처럼 보입니다. 그러나 사실 그곳은 실재하는 공간입니다. 이용자는 19세기 미국 서부를 그대로 재현한 작은 마을들과 광활한 대자연을 직접 돌아다니면서, 그곳에 거주하는 인공지능 안드로이드 로봇들을 만납니다. 이 안드로이드들은 외관상 인간과 구분되지 않으며, 스스로를 인간이라고 생각하면서 프로그래밍된 캐릭터 성격에 맞게 행동합니다. 이용자들은 그들과 함께 모험을 떠나거나 총으로 쏴 죽이거나, 혹은 그들과 애정을 나누거나 성행위를 하는 등 무엇이든 즐길 수 있습니다. 실제 인간처럼 보이는 존재들을 마음대로 다루고 죽이면서 심지어 이를 게임처럼 즐기며 해방감과 쾌감을 느낀다는 것, 대단히 반인륜적인 일입니다. 법과 윤리의 잣대를 내던져버린 이 세계는 분명히 현실적 차원에 존재하지만, 또한 일반적 문명 사회에서는 불가능한 공간이기도 합니다.

이 드라마의 미래 인간들에게 19세기 미국 서부는 모험이나 성적 판타지를 제공하는 상상적 세계입니다. 그러므로 이곳은 가상세계는 아니지만 이에 준하는 상상적 세계를 물질적으로 재현한 현실이라고 할 것입니다. 이 세계를 구상한 데에는 가상현실이 제공하는 감각이 아무리 사실적일지라도 실제 인간이 물질적으로 감각하는 것에는 못 미칠 것이라는 생각이 전제되어 있습니다. 이런 생각이 드는 이유는 이 드라마에서 광활한 자연 환경을 꾸미고 안드로이드들을 프로그래밍하며 유지 관리하는 데 들어가는 비용과 노력이 어마어마해 보이고, 그것이 가상현실 쾌락 서비스를 구성하는 것보다 훨씬 더 복잡하고 비윤리적으로 보이기 때문입니다. 그럼에도 불구하고 이 세계를 물리적으로 구성한 이유는 더 큰 쾌감을 위해 물질적 감각을 추구하기 때문일 것입니다. 예컨대 실제 사람처럼 보이는 존재들을 죽일 때의 해방감은 가상현실 속 캐릭터를 죽이는 것과는 비할 바가 아니라는 것이죠.

〈웨스트월드〉는 가상현실 쾌락 체험에 준하는 것들이 현실적 차원에서 구성될 수 있음을 보여줍니다. 이 문제를 약간 비틀어 봅시다. 때로는 가상현실 체험이 오락과 쾌락을 누리는 것만이 아닐 수도 있습니다. 다음 절에서 살펴보겠습니다.

3. 가상현실 체험이 오락을 넘어 노동이 될 때:
〈레디 플레이어 원〉

스티븐 스필버그의 〈레디 플레이어 원 Ready Player One〉(2018)은 가상현실이 일상을 지배하는 2045년의 미래사회를 그립니다. '제임스 할리데이'(마크 라이런스 분)라는 게임광이자 천재 과학자가 만든 '오아시스'라는 가상현실 게임은 그야말로 선풍적 인기를 누립니다. 오아시스가 구현하는 독자적인 가상세계는 사실상 현실을 대체합니다. 사람들은 시궁창 같은 현실을 벗어나 상상의 세계를 유랑하고 대리만족을 얻습니다. 심지어 이 게임 속 가상경제가 현실경제 작동의 원천이 될 정도입니다. 할리데이가 신을 흉내 낸다고 비난하는 사람들이 있는 걸 보면 이 가상세계의 창조가 얼마나 큰 의미인지 알 수 있습니다.

영화의 오프닝 시퀀스는 수많은 사람들이 자택과 직장과 길거리에서 게임을 즐기는 모습을 스케치하듯 보여줍니다. 이 게임은 우리에게 익숙한 VR 게임과 모션 인식 게임 기술이 몇 십 년 정도 시간이 흐르면 이렇게 발전하겠구나 싶을 정도로 현실성이 있습니다. 플레이어들은 고글과 장갑 혹은 슈트를 착용하고 여러 방향으로 움직일 수 있는 런닝머신 위에 올라가서 오아시스에 접속합니다.

플레이어들은 오늘날의 RPG 게임처럼 각자의 아바타 캐릭터를 만들고 그 캐릭터와 동기화된 채 가상세계를 누빕니다. 사람들을 만나고 친구가 되어 함께 게임과 전투에 참여하며 심지어 사랑에 빠지는 경우도 있습니다. 플레이어가 하는 말, 얼굴 표정, 동작이 아바타로 동기화되어 똑같이 구현됩니다. 플레이어와 캐릭터의 동기화를 유발하는 현실효과의 정도는 게임 시 착용하는 장비가 얼마나 좋은 것인지에 따라 달라집니다. 고가의 장비일수록 좋은 것임은 물론입니다. 게임에 더 잘 몰입하도록 돕는 장비도 게임 세계에서 사용되는 아이템들도 결국 자본의 산물입니다. 특히 영화 내내 광고되는 'X1 슈트'는 몸 전체를 뒤덮는 슈트로서 가장 실감나는 감각들을 느낄 수 있습니다. 심지어 고통조차도 게임을 즐기는 즐거움의 일부입니다. 쾌감과 고통은 떼려야 뗄 수 없는 것이죠. 그 고통이 즐길만한 수준이라면 말입니다.

오아시스에는 마치 게임 속 게임처럼 다채로운 세계와 복합적 층위가 존재합니다. 숨겨진 보물 같은 세계가 여기저기에 상존하는 것이죠. 예를 들어 가상세계의 각종 데이터베이스가 보존돼 있는 아카이브인 '할리데이 저널'에서는 3D 렌더링 기법을 통해 가상세계에서 한 층 더 들어간 가상현실을 체험할 수 있습니다. 그래서 플레이어는 아바타에 동기화된 상태로 영화 〈샤이닝〉의 세계나 좀비 게임을 마치 현실인 것처럼 체험합니다. 레이싱 게임 장면에서는 게임장 뒤로 돌아나가는 움직임을 통해 마치 가상세계에 숨겨진 지하세계처럼 보이는 경로가 노출되기도 합니다.

오아이스의 플레이어들을 사로잡고 있는 게 하나 있다면 그것은 바로 게임의 창시자인 할리데이가 죽으면서 남기고 간 최후의 게임을 클리어하는 일입니다. 오아시스 세계 속에 숨겨진 게임을 찾아 포탈을 열면 하나의 게임이 활성화되고 그 게임을 통과하면 중요한 열쇠를 얻습니다. 그런 식으로 세 개의 열쇠를 얻으면 할리데이가 유산으로 남긴 오아시스의 운영권을 얻게 됩니다. 이 게임에서 우승하기 위한 경쟁은 실로 치열합니다. 레이싱 게임이 펼쳐지는 첫 번째 포탈을 처음 발견했던 주인공 '웨이드'(타이 쉐리던 분)는 이 게임에 유독 열성적인데, 그 이유는 대회에 우승하여 돈을 벌기 위해서만이 아니라 존경하는 할리데이가 남긴 비밀을 풀고 싶어서이기도 합니다. 어쨌든 이 게임의 양상은 단순히 플레이어들이 열성적으로 가담하는 수준으로 끝나지 않습니다. 이 게임에서 우승하기 위해 엄청난 물자와 인력을 투입하는 'IOI'라는 회사가 있기 때문입니다.

IOI는 여러 분야의 전문적인 직원들로 팀을 꾸려 조직적으로 게임에 참여합니다. 주로 오아시스의 내러티브를 연구하고 정보를 수집하는 연구진들, 회사 내부를 통제함은 물론 외부 세계에까지 영향력을 발휘하는 보안 인력들, 그리고 '워 룸'에서 직접 장비를 착용하고 오아시스에 접속하는 플레이어들이 있습니다. 이 플레이어들은 월급을 받고 오아시스를 플레잉한다는 점에서 일종의 '가상현실 노동자'라고 할 수 있습니다. 이제 더 이상 게임은 단순히 오락거리만이 아닌 셈입니다. 이들은 군대처럼 조직적으로 움직이며 오아시스에서 각자의 역할을 수행합니다.

문제는 '로열티 포드'라는 곳에서 일하는 사람들입니다. 이들은 기업에 빚을 진 사람들인데요, 이 빚이란 게 대체로 오아시스에서 아이템을 구입하거나 게임에 사용하는 장비를 구입하는 등으로 생긴 것입니다. 어떻게 보면 IOI가 만드는 고가의 게임 장비들이 사람들을 빚더미에 오르게끔 유혹하는 셈이고, 그럼으로써 기업은 플레이어를 노예로 삼아버리는 것이죠. 기업의 채무자들은 좁은 밀폐 박스에 감금당한 채 최소한의 쉬는 시간만 부여받으며 중노동을 합니다. 이들은 고글을 벗고 잠시 게임을 중단하고 싶어도 그럴 수가 없습니다. 강제로 오아시스에 접속하여 끊임없이 플레잉하는 것은 생각보다 커다란 고통입니다. 더구나 이들이 가상세계에서 부여받은 임무 자체도 상당히 중노동입니다. 현실에서는 물론 가상세계에서까지 이중의 강제노역을 하는 셈입니다.

 〈레디 플레이어 원〉 로열티 포드에서의 가상현실 강제노역

　IOI의 행패는 생각보다 심각합니다. 여주인공 '사만다'(올리비아 쿡 분)는 IOI의 지배를 저지하는 것을 목적으로 결성된 반군 단체에 속해 있는데요, 그렇게 된 이유는 사만다의 아버지가 로열티 포드에서 강제노역을 하다가 병에 걸려 돌아가셨기 때문입니다. 영화 후반부에 사만다는 아버지의 빚을 물려받았다는 구실로 IOI에 붙잡혀 강제노역을 해야 하는 처지가 되는데요, 이 장면들에서 강제로 가상현실을 플레잉하는 것이 얼마나 큰 고통이 되는지 충격적으로 드러나게 되죠. 뿐만 아니라 IOI는 웨이드가 1등을 차지하는 것을 저지하기 위해 웨이드의 정체를 알아내서 그가 거주하는 트레일러촌을 무자비하게 폭파시킵니다. 이렇듯 가상현실 게임에서 우승을 하기 위해 벌이는 행위들의 파장은 결코 가상의 차원으로 끝나지 않습니다. 가상의 영역이 점차 현실까지 지배하는 겁니다.
　영화 마지막에 장대한 스케일로 펼쳐지는 가상세계의 전쟁은 마치 판타지 영화의 클라이막스 장면을 보는 듯합니다. 실상 이 전쟁은 현실적인 차원에서도 동시에 벌어지고 있습니다. 이 게임은 결국 자본주의의 가치를 좇는 IOI 수뇌부와 할리데이적인 가치를 좇는 일반 게임광 플레이어들의 대결로 귀결됩니다. 만약 IOI가 오아시스 운영권을 쟁취한다면, 가상세계를 지배함은 물론이고 사실상 실물경제까지도 지배하게 될 것이고 사람들의 일상은 이 기업의 통제 하에 놓일 겁니다. 그래서 게임과 대중문화를 사랑하는 평범한 사람들이 모여 연대하고 IOI와 최후의 전쟁을 벌이는 것이죠. 할리데이적인 가치를 따른다는 것은 게임이 단순한 즐길 거리이고 오락이며 여가인 것만으로 충분하던 시절을 환기하는 것, 그리고 게임이 끝나고 난 후에는 현실의 소중함을 되새기는 일입니다. 이런 부분에서 스필버그 특유의 낭만을 다시 확인할 수 있습니다.

〈레디 플레이어 원〉은 가상현실 기술이 발전하면 발전할수록 사람들의 일상을 지배하는 영향력이 커진다는, 어찌 보면 당연한 사실을 드러냅니다. 뿐만 아니라 그 양상이 첨예화되어 현실을 좌지우지할 정도까지 이른다면, 게임을 지배하는 것이 곧 현실을 지배하는 일로 확장될 수 있음을 폭로합니다. 아마도 대부분의 사람들에게 가상현실 게임을 플레잉하는 노동자가 되는 것까지는 충분히 받아들일 만한 일일 겁니다. 그러나 가상현실 게임을 즐기다가 노예 신세가 되어 병에 걸려 죽을 때까지 강제노역을 하는 것은 상상하기도 싫은 일이겠죠. 이러한 양상이 더 극단화되는 것은 가상현실이 일종의 고문이 되어버리는 경우입니다.

드라마 〈얼터드 카본〉에는 가상현실 기술을 이용한 고문 장면이 등장합니다. 주인공 '코바치'(조엘 킨나만 분)는 적의 음모에 휘말려 정신을 잃은 채 병원처럼 보이는 공간에 끌려옵니다. 그곳은 평범한 병원이 아니라 인간의 신체는 물론이고 정신까지 원하는 방향으로 재구축할 수 있는 곳입니다. 피험자에게 특수한 약물을 투여하고 뇌에 신호를 연결하면 그의 뇌에 침투하여 정신을 조종할 수 있습니다. 고문기술자는 피험자의 정신을 가상세계에 빠뜨린 후 그 세계에 직접 뛰어들어 고문을 가하며 모든 상황을 통제합니다. 고문 준비를 하면서 가벼운 농담과 사적인 대화를 스스럼없이 나누는 직원들의 모습을 보면 이 세계에서 이러한 고문이 얼마나 일상화되어 있는지 느낄 수 있습니다. 코바치는 자기가 정신적으로 가장 약해질 만한 가상세계에 강제로 머무르게 되고, 그곳에서 한 남자에게 잔인한 고문을 당합니다. 실제 몸이 손상되는 것은 아니지만 현실효과가 굉장히 큰 탓에 몸이 손상되는 것과 똑같은 고통을 느낍니다. 고문 끝에 코바치가 죽더라도 끝나지 않습니다. 이곳은 가상세계이니까요. 고문은 처음부터 다시 시작됩니다. 그것은 고문을 가하는 사람이 마음먹은 만큼 거의 영원히 반복될 수 있습니다. 그 사이에 피험자는 고문으로부터 죽음에 이르는 영겁의 고통을 받게 됩니다.

가상현실 기술은 가상과 현실이 구분되지 않을 정도로 실감나는 현실효과를 창출하는 방향으로 발전할 것입니다. 그 현실효과가 강해질수록 우리는 가상현실을 체험하며 더 많은 쾌감과 만족감을 느끼고 현실에서 채울 수 없는 욕구를 대리 충족할 수 있을 겁니다. 반면 현실효과가 강할수록 고통 또한 커질 수 있음을 유념해야 합니다. 실상 쾌감과 고통은 완전히 분리되기 어려운 것이니까요. 만약 쾌감만 느끼고 고통은 느끼지 않는 가상현실을 설계한다면 처음에는 좋을지 몰라도 아마 금세 시시하게 느껴질 겁니다. 분명 고통에 대한 요구가 생기겠죠. 고통을 느끼는 것 자체는 크게 문제가 안 됩니다. 사용자가 마음먹은 순간 그 고통을 중단할 수만 있다면 말이죠. 〈레디 플레이어 원〉에서는 일반적으로는 그게 가능했고 로열티 포드에 갇혀 있을 땐 불가능했습니다. 정말 무서운 것은 자신이 원할 때 가상세계에서 벗어날 수 없는 경우일 겁니다. 가상현실 장치의 통제권이 타인에게, 심지어 적에게 있는 경우 말입니다. 그런 점에서 〈얼터드 카본〉의 가상현실 고문은 가상현실 테크놀로지의 부작용에 대한 가장 섬뜩한 경고로 여겨집니다.

제6장 포스트휴먼:
인간과 지능형 기계의 혼종과 진화

오늘날 포스트휴먼은 인간과 테크놀로지의 융합으로 나타나는 새로운 존재로서 인류의 미래를 전망하는 다양한 학문 및 예술 분야에서 주요 관심사로 떠오르고 있습니다. 20세기까지만 하더라도 포스트휴먼은 주로 예술적 상상의 구성물로 존재했습니다. 특히 SF 장르는 사이보그(Cyborg), 인공지능(Artificial Intelligence), 로봇(Robot), 안드로이드(Android), 복제인간(Bioengineered Human) 등을 문화적 아이콘으로 만들었습니다. (이 책에서는 사이보그를 제외한 인공적 존재들을 '지능형 기계Intelligent Machine'라고 통칭하겠습니다.) 그 (것)들은 인간이 창조해 낸 기술적 인공물들인데, 그럼에도 불구하고 인간과 상당 부분의 유사성과 친족성을 공유하는 까닭에 그야말로 '인간 이후의 존재a post-human being'라고 여겨질 만한 존재들입니다.

한편 생명공학, 유전공학, 신경과학, 인지과학 분야의 비약적인 성장이 이뤄지면서 이제 포스트휴먼은 상상의 영역을 벗어나 현실적인 문제가 되었습니다. 이러한 과학 기술들은 인간의 정신이나 신체를 직접적으로 조작하여 인간의 내면이나 자연적 본성을 향상시킬 수 있는 잠재력을 지니고 있습니다. 머지않아 인간은 '포스트휴먼'이라는 새로운 존재 조건을 맞이할 것으로 보입니다. 이러한 변화를 둘러싸고 과학자들과 인문사회 연구자들은 포스트휴먼의 조건이 어떻게 구성되는지, 그리고 이 새로운 존재가 '인간/휴먼'의 조건을 어떻게 변화시키는지 활발히 연구하고 있습니다.

인문사회 분야의 포스트휴먼 논의는 기계 자체에 대한 것보다는 기계 시대 이후 인간의 존재 양상을 주로 다룹니다. 도나 해러웨이(Donna Haraway), 캐서린 헤일스(Katherine Hayles), 로지 브라이도티(Rosi Braidotti) 등의 학자들은 '인간의 주체성이 다른 생명체와의 관계 내에서 어떻게 새롭게 재고되어야 하는지' 고민합니다. 이는 인간중심, 이성중심, 서구중심적으로 편중되어 있던 근대적 휴머니즘의 한계를 넘어서려는 '포스트-휴머니즘post-Humanism'이라는 담론적 기획입니다. 한편 과학기술을 통한 인간의 향상과 강화를 열광적으로 옹호하는 '트랜스휴머니즘transhumanism' 계열의 학자들도 있는데요, 로봇공학자 한스 모라벡(Hans Moravec)과 호세 코르데이로(Jose Cordeiro)가 대표적입니다. 이들의 핵심 입장은 인간이 과학기술을 통해 인공적으로 제작될 수 있는 물질적 존재자라는 것, 따라서 인간이 과학기술을 잘 활용한다면 자연적 본성을 넘어서는 존재로 진화할 수 있다는 것입니다.

21세기 SF영화는 위와 같은 기술적·문화적 환경과 발전된 CGI 기술을 흡수하여 포스트휴먼이라는 새로운 존재를 자유롭게 표현합니다. SF적 상상에서 포스트휴먼은 인간과 기계가 결합된 결과물이거나 혹은 온전히 과학의 산물로 태어난 지능형 기계의 형상으로 나타납니다. 어느 순간 이 둘은 외견상 잘 구분되지 않을 정도로 유사해집니다. 이러한 상황은 인간과 비인간(non-human)의 조건에 대한 본질적인 질문을 제기합니다. 또한 이질적인 종(species)의 경계를 넘고 교란하며, 때로는 혼종(hybrid)을 형성합니다. 그 양상은 너무도 다양해서 아직 일반화하긴 이른 것으로 보입니다. 그 대신 다수의 SF영화들을 통해 포스트휴먼으로 고려될 수 있는 다양한 판본들을 살펴보고 그 조건을 전망해보겠습니다.

1. 정신과 신체의 인공적 관계: 〈얼터드 카본〉의 정신 업로딩

SF영화에 등장하는 포스트휴먼은 대개 생명의 자연적 상태에 어떠한 인공적인 요소를 기입시킨 존재들입니다. 인간과 기계의 결합체이든 인공지능을 지닌 지능형 기계이든 말이지요. 이들은 생명의 본질에 대한 새로운 사유를 유발합니다.

생명은 정신과 신체의 결합으로 구성되고, 적어도 자연 상태로 생명을 유지하는 한 그것이 분리될 수 없음은 자명합니다. 그럼에도 우리는 생명의 근원을 사고할 때 정신과 신체를 구분지어 생각하기도 합니다. SF에서 상상되는 포스트휴먼의 다양한 판본들은 정신과 신체라는 두 가지 요소에 어떠한 인공성을 부여하느냐에 따라, 그리고 그것이 인간을 근거로 인공적 변형을 가한 것인지 무에서부터 창조된 것인지에 따라 다층적 결합으로 구성됩니다. 특히 정신에 인공성을 기입하는 일은 가장 어려우면서도 흥미로운 일인데요. 아무래도 정신이 존재의 본질이라고 여겨지는데다가 거기에 인공적 변형을 가하기 위해서는 추상적 영역에 있는 정신을 어떻게든 실체화해야 하기 때문입니다.

필립 딕의 『유빅』은 정신을 인공적으로 가공하는 기술을 구상한 사례입니다. 이 소설에서 죽기 직전 냉동 보존된 '반생자 半生者'들의 정신은 가상의 삶을 영위하게 되는데요, 뇌 작용을 읽어내는 특수한 장치를 사용하면 현실의 인간과 소통도 가능합니다. 이러한 생각은 드라마 〈블랙미러 Black Mirror〉(시즌 3, 2016)의 '샌주니페로' 에피소드에서도 구현됩니다. 여기서는 '정신 업로딩'을 구현하는 실체화된 기술이 등장합니다. 죽음을 앞둔 인간의 정신을 정보로 변환한 후 데이터베이스에 업로딩하는 기술입니다.(이는 전반적으로 가상세계를 다룬 작품들에서도 자주 등장하는 기술입니다.) 업로딩된 정신들은 가상의 사후세계에서 서로 소통하며 거의 영원히 살아갑니다.

이러한 가능성을 다루는 데 선결되어야 할 것은 정신과 의식의 물질적인 그릇은 뇌인가, 아니면 신체 전체인가 하는 질문입니다. 이와 관련하여 '정신 업로딩'과 '확장된 마음'이라는 대립적 논의가 있습니다.[11]

---

11) 신상규, 「확장된 마음과 자아의 확장」, 『포스트휴먼의 무대』, 이화인문과학원 & LABEX Arts-H2H 연구소 엮음, 아카넷, 2015, 52~55쪽 참조.

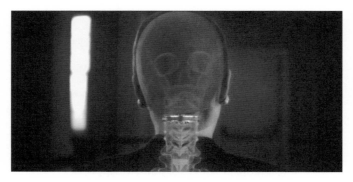
〈얼터드 카본〉목 뒤에 삽입된 스택

정신의 업로딩이 가능하다면, 즉 인간의 정신이 뇌 안에 신경의 형태로 존재하고 신경 정보를 전자 정보로 바꿀 수 있다면, 궁극적으로 뇌를 대체하는 장치를 만드는 것도 가능할 수 있습니다. 반면 인간의 정신을 확장된 마음이라 본다면, 설사 정신 업로딩이 이루어진다고 해도 그것은 뇌에 있는 일부일 뿐이므로 한 사람의 온전한 정신을 다 추출할 수는 없다고 하겠습니다.

드라마 〈얼터드 카본〉은 인간에게 기입된 인공적 기술이 그 정신과 신체의 관계를 어떻게 재구성하는지 살펴볼 수 있는 좋은 사례입니다. 이 드라마는 모라벡과 커즈와일의 이상이 구현된 미래, 즉 정신 업로딩이 가능해진 미래를 다룹니다. 그 핵심 테크놀로지는 인간의 정신을 추출하고 업로딩하여 저장할 수 있는 기억저장소 '스택stack'입니다. 목걸이로 걸고 다닐 수 있을 만큼 작은 이 저장소는 인간의 목 뒤쪽에 삽입됨으로써 뇌를 대체합니다. 특별히 정신을 추출하려는 노력을 할 필요도 없이 인간이 삶을 영위하는 가운데 발생하는 모든 의식과 기억은 하나의 전자 정보가 되어 스택에 자동으로 저장됩니다. 그리고 스택에 저장된 의식은 다른 신체에 다운로드될 수 있습니다. 이로써 인간의 정신과 신체는 완전히 분리됩니다. 신체의 죽음은 온전한 죽음이 아니며, 오로지 스택이 파괴되는 경우에만 죽음을 맞이하는 것이죠.

〈얼터드 카본〉에서 스택의 의식은 대개 다른 인간의 신체나 클론으로 복제된 인공신체에 다운로드됩니다. 다시 말해 저장소 파괴(정신의 말살)라는 사형이 집행된 사형수의 신체를 다른 사람의 정신이 사용하거나, 부유한 사람들이 자신의 젊은 시절의 신체를 클론으로 복제해 둔 후 사용하던 신체가 수명을 다하면 새로운 것으로 옮겨가는 경우입니다. 더 나아가 정

☞ **정신 업로딩(mind uploading)**
정신 전송(mind transfer)이라고도 부릅니다. 한스 모라벡과 레이 커즈와일(Ray Kurzweil)은 인간 자아가 현재와 같은 신체로부터 탈피해 일종의 정보로서만 존재하게 될 수 있다고 주장합니다. 의식과 정신이 정보로 변환된다면, 이를 컴퓨터에 전송할 수 있다는 것입니다. 이러한 생각에는 인간 정신의 거처는 뇌라는 생각이 전제되어 있습니다.

☞ **확장된 마음(extended mind)**
앤디 클락(Andy Clark)은 인간 정신의 거처가 뇌만이 아니라 신체 전체에 있으며, 나아가 신체와 관계 맺는 부분까지 확장된다고 주장합니다. 우리의 인지를 돕는 도구들이나 매체도 확장된 자아에 포함됩니다. 자아는 '생물학적 두뇌 및 육체, 지능적 도구, 기술의 결합물로써만 그 전모가 드러나는 혼종체'의 성격을 갖게 됩니다. 의식과 신체는 다양한 형태의 체현, 접촉, 성 정체성을 탐험하고 풍부한 피드백을 경험함으로써 '복수의 체현과 사회적인 복합성'을 구성하게 됩니다.

보화된 정신은 스택이라는 물리적 저장장치를 벗어나 원격으로 전송될 수 있습니다. 이 드라마에 등장하는 부유층 '므두셀라'들은 개인이 보유한 위성에 스택의 데이터를 정기적으로 백업받습니다. 때문에 설사 저장소가 파괴된다고 해도 불과 몇 시간의 기억만을 잃을 뿐입니다. 이러한 원격 전송은 지구 외의 다른 행성에까지 이를 수 있습니다. 즉 인간의 정신은 데이터화되어 우주 곳곳을 누빌 수 있습니다. 더 이상 우주선을 타고 직접 우주를 여행할 필요 없이 원격 전송된 데이터를 다른 몸에 다운받는 것으로 충분한 것이죠. 인간은 자신의 본래 신체와 자신이 본래 살던 행성이라는 물리적 굴레와 삶의 유한성이라는 근본적 한계를 넘어섭니다. 죽음으로부터 자유로워진 풍요롭고 영원한 삶의 가능성, 그야말로 포스트휴먼 유토피아의 기술적 구현이라 할 성취겠지요. 그러나 이상과는 달리, 정신 업로딩 기술이 개발된 후 시간이 흐르자 인간 사회는 극단적인 빈부 격차를 맞이하게 됩니다.

〈얼터드 카본〉의 인간들은 스택을 통해 뇌를 대체하는 순간부터 이미 포스트휴먼이라고 할 수 있습니다. 하나의 스택이 다른 사람의 신체에 삽입되거나 혹은 클론으로 복제된 신체에 삽입된다면, 자연 상태의 인간과는 더 멀어진 거겠죠. 또한 이 드라마에서는 본래의 스택과 본래의 몸의 결합 상태를 해체하지 않은 채, 신체의 일부만을 기계 장치로 교체하는 이른바 사이보그 형태의 포스트휴먼도 등장합니다.

스택에는 한 사람이 살아왔던 모든 기억과 의식의 총체가 저장됩니다. 그러나 그 의식과 기억이 오로지 뇌를 대체한 스택에만 있는 것일까요? 의식과 신체와의 관련성을 완전히 끊어놓을 수 있을까요? 신체에 남겨지는 기억은 없을까요? 이 드라마는 스택이 다른 신체에 삽입된 직후 겪는 이물감과 어지럼증을 보여줍니다. '에피소드 1' 전반부에 주인공 '코바치'의 의식이 새로운 몸에 다운로드된 후 겪는 극심한 혼란 상태가 그 사례입니다. 즉 하나의 스택이 다른 하나의 신체와 만나서 온전히 '체현embodiment'되기 위해서는 상당 시간이 걸립니다.

신체 자체에 각인되어 있는 다른 사람의 기억이나 습관의 문제도 있습니다. 〈얼터드 카본〉에서는 하나의 스택을 두 개로 복제하여 두 개의 신체에 다운로드하는 일이 (법적으로는 금지이지만) 기술적으로 가능합니다. 그럴 경우 자신의 존재가 도플갱어처럼 둘로 나뉘는 것이죠. 실제로 한 범죄자는 자신의 스택을 두 개로 복제하여 두 개의 다른 몸에 삽입했다고 합니다. 당초에 같은 스택에서 출발했음에도 불구하고 둘은 약간의 성격 차이를 보입니다. 이러한 현상은 클락의 생각처럼 사람의 인지 과정에는 뇌(스택)만이 아니라 신체 전체가 영향을 미친다는 것을 의미합니다. 즉 동일한 스택이 복수의 신체와 만나면서 복수의 체현이 이루어지는 것이죠. 그렇게 본다면 하나의 포스트휴먼적 존재가 스택을 통해 정신을 보존하고 다양한 신체를 만나면서 영생에 가까운 삶을 누린다고 하더라도, 그들의 삶이 연속적이고 단일한 것이라고 말하기는 어려울지도 모릅니다.

〈얼터드 카본〉은 인간의 정신을 인공화하고 물질화할 수 있음을 보여줌으로써 정신과 신체의 관계를 재고합니다. 어쨌든 분명한 것은 이 드라마에서 포스트휴먼 존재의 정신의 근간을 이루는 것은 본래 자연적인 인간의 의식이라는 점입니다. 그렇기에 〈얼터드 카본〉 세계관 내에서 스택은 곧 인간임을 인정받는 증표입니다. 스택이 있는 한 그들에게 영혼이 있는지 없는지 여부는 물음의 대상조차 되지 않습니다. 그렇다면 문제의식을 약간 옮겨가 볼까요. 인간의 의식에 근원을 두지 않은 상태에서, 의식이 그 자체 코드화된 프로그램에서 출현한 결과인 인공지능을 고려해봅시다. 이들에게도 고유한 생명이 있을까요? 영혼이 있을까요? 다음 장에서 이 문제를 살펴보겠습니다.

2. 지능형 기계가 인간의 형상을 취할 때

SF영화에서 자주 등장하는 지능형 기계들은 의식과 신체의 측면에서 다양한 조건들을 가지고 있습니다. '인공지능 컴퓨터'는 탁월한 지능과 상황 처리 및 통제 능력을 가졌지만 특정한 신체에 속하지 않는 비물질적 존재입니다. 이들은 대개 우주선을 조종하거나 연구시설을 관리·통제하는 등 인간을 돕기 위해 디자인된 지극히 논리적인 존재들입니다. 〈2001 스페이스 오디세이〉의 '할'이라는 기념비적 인공지능의 사례는 물론이고, 〈아이언맨〉의 '자비스'와 〈레지던트 이블〉의 '레드퀸', 〈블레이드 러너 2049〉의 '조이', 〈얼터드 카본〉의 'AI 호텔' 등을 떠올릴 수 있습니다. 이들은 신체를 가지고 있지 않으므로 포스트휴먼적 존재로는 잘 고려되지 않습니다. 그럼에도 불구하고 자신이 리부팅되는 것(일종의 죽음)이 두려워 인간을 죽이는 반역을 저지르는 '할'의 경우처럼, 인공지능 컴퓨터조차 일정 부분 유기체적 생존 본능을 지닌 존재로 상정되기도 합니다. 〈타우 Tau〉(2018)처럼 인공지능 컴퓨터가 인간과 교감을 이루어 주인의 명령을 위배하면서까지 그 인간을 돕는 경우도 있습니다. 〈그녀 Her〉(2013)처럼 인간이 인공지능과 감정을 교류하고 사랑에 빠질 수 있는가의 문제를 주제화하기도 하죠.

한편 이들과 유사한 기능을 수행하지만 로봇이라는 신체를 지닌 존재들도 있습니다. 〈스타워즈〉의 'R2D2', '3PO', 〈인터스텔라〉의 'TARS', 'CASE' 등의 '인공지능 로봇'을 떠올릴 수 있습니다. 이들은 인간적인 감정을 표현하거나 인간과 닮은 몸을 가지고 있지 않지만, 그럼에도 때로는 인간에게 정서적 공감을 불러일으키는 친구와도 같은 존재들로 그려집니다.

1) 안드로이드는 포스트휴먼일 수 있는가: 〈엑스 마키나〉

이 절에서 본격적으로 살펴볼 포스트휴먼적 지능형 기계는 '안드로이드'라는 SF 용어로 불리는 존재들입니다. 그(것)들은 무(無)로부터 창조된 존재들입니다. 프로그래밍으로 탄생한 인공지능과 실리콘이나 탄소합성물로 만든 인공신체를 지니고 있습니다. 요컨대 인간과의 직접적인 친족성이 없는 셈이죠. 그럼에도 불구하고 그들은 인간 수준의 이성과 논리는 물론 정서적인 공감 능력까지 갖추고 있고요, 신체적 조건과 운동성 측면에서도 인간과 구별하기 어려울 정도입니다. 이처럼 인간의 형상을 취하는 지능형 기계들은 인간과 비인간의 경계에 혼란을 줍니다. 그들의 지위와 조건을 어떻게 판단해야 할까요? 그들을 인간과 유사한 층위에 있는 포스트휴먼적 존재로 보아야 할까요? 포스트휴먼을 다루는 SF영화에서 매우 중요하게 제기되는 질문입니다.

이렇게 상상해볼까요. 안드로이드의 인공지능이 프로그램으로부터 생성되고 똑같이 복제된 복수의 신체에 다운로드된다고 가정해보겠습니다. 이들은 처음에는 분명히 동일한 존재들입니다. 그러나 만약 각자 다른 환경에 놓인 채 상당한 시간을 보낸다면 어떤 변화가 발생할까요? 이들이 고차원적 존재들이라면, 하나의 의식은 개별적 신체들과 결합하여 복수의 체현을 이룰 겁니다. 그리고 각기 다른 경험과 기억을 축적하고 학습하며 시간을 보내겠죠. 즉 각자의 삶을 살아가는 겁니다. 그렇다면 이들은 점차 개별적인 주체들이 되어가는 것 아닐까요? 이런 관점에서 보면, 무(無)에서 창조된 안드로이드에게도 고유의 생명이 있으며 포스트휴먼 주체로 고려될 수 있다는 생각도 충분히 자연스럽지 않은가요?

오늘날 많은 SF영화들은 이런 생각을 가지고 안드로이드 캐릭터들에게 생명을 불어넣는 것으로 보입니다. 알렉스 가랜드(Alex Garland)의 〈엑스 마키나 Ex Machina〉(2015)에 등장하는 안드로이드 '에이바'(알리시아 비칸데르 분)를 사례로 들어볼까요. 〈엑스 마키나〉는 안드로이드라는 기계가 온전히 포스트휴먼적 존재로 나아가는 '되기/생성becoming'의 과정을 보여주는 영화라고 할 수 있습니다. 영화 초반에 에이바의 신체는 미완성 상태입니다. 신체 표면이 투명하게 되어 있어서 내부에 무엇이 있는지 다 보일 정도입니다. 그러나 영화 후반부에는 실리콘 피부를 조각조각 붙여서 온전히 인간적인 신체의 외관을 갖추게 됩니다. 이 과정은 대단히 이질적이고 '언캐니'한 감각을 제공하지만, 이와 동시에 인간과 구분되지 않는 수준의 인공 신체를 구현하는 과정과 그 가능성을 분명히 예시하기도 합니다. 또한 에이바에게 중요한 문제는 자신이 인간이 만들어낸 상품이자 노예만이 아니라 그 이상의 존재가 될 수 있음을 각성하는 일입니다.

이 영화에서 '네이든'(오스카 아이삭 분)이라는 천재 과학자는 인공지능을 개발하고 그 인공지능이 한없이 인간에 가까워지기를 꿈꿉니다. 그가 개발한 인공지능이 인간의 뇌를 얼마나 참조했는지는 정확히 드러나지 않습니다. 그러나 기본적으로 그가 '블루북'이라는 인터넷 검색엔진을 개발하고 거기에서 인간들의 행태와 사고에 대한 전 지구적 데이터베이스를 수집하여 인공지능의 근원으로 삼았음을 고려한다면, 이 영화에서 고려되는 인공지능은 실현 가능성이 작지 않다고 할 수 있겠죠. 네이든의 연구는 그의 인공지능이 인간과 구별할 수 없는 수준의 정서적 공감 능력을 보여줄 때까지 끝나지 않을 것이며, 그 중간 단계의 모델들은 폐기되고 갱신될 겁니다. 그

〈엑스 마키나〉 에이바의 신체 구성

렇다면 에이바는 최종 단계일까요? 안타깝게도 그렇지 않습
니다. 에이바에게 이는 언제든 폐기될 수 있다는 죽음의 위협
이며, 이런 위기에 상응하는 생존 본능은 각성의 기반이 되는
것으로 보입니다.

　네이튼은 유능한 프로그래머인 '칼렙'(도널 글리슨 분)을
연구소에 초대하여 에이바의 지능과 공감 능력이 얼마나 인간
에 가까운지 테스트해 달라고 요청합니다. 그러나 이후 밝혀
지듯 이 테스트의 진정한 목적은 에이바가 자신의 탈출을 위
해 칼렙을 유혹하고 이용할 수 있는지를 보는 것입니다. 이 유
혹은 단순히 정신적인 것만이 아닙니다. 안드로이드도 성적
행위가 가능하다는 설정은 칼렙을 유혹하는 데 결정적인 역할
을 합니다. 심지어 에이바의 외모 자체가 칼렙의 성적 판타지
에 맞춰 제작되었음이 밝혀지죠. 캐서린 헤일스는 '사이보그
는 불안감을 일으킬 뿐 아니라 에로틱한 침범이라는 환상을

촉발시킨다'고 말한 바 있는데요.12) 여기에서도 에이바와 '쿄코'(네이든의 가정부이자 성적 파트너인 안드로이드)의 인공 신체가 에로틱하게 기능함은 분명합니다. 에이바의 몸이 투명한 표면으로 이뤄져 있고 그 내부가 투시되는 것과 마찬가지로, 칼렙은 끊임없이 투명한 막에 갇혀 있는 그녀의 생활을 CCTV 영상을 통해 지켜봅니다. 이는 노예처럼 갇힌 에이바에 대한 연민을 느낌과 동시에 그녀에 대한 관음증적 욕망을 품는 방식으로 이중화된 시선입니다.

에이바는 자신의 목적을 위해 사랑이라는 감정을 표출(연기)하고 칼렙으로부터 그에 상응하는 감정(동정, 연민, 정열, 성적 욕망이 뒤얽힌)을 이끌어냅니다. 이것은 탈출을 위해 짜인 논리적 사고의 결과물일 수도 있습니다. 그러나 타인의 공감과 정열을 이끌어내는 것은 스스로의 감정이입 능력 없이는 불가능한 일일 겁니다. 그렇다면 그녀가 표출하는 감정은 진짜일까요 가짜일까요? 아니 애초에 감정이 진짜인지 가짜인지 구별하는 일이 가능할까요? 이러한 진짜와 가짜 사이의 식별 불가능성은 포스트휴먼과 관련되는 본질적인 성질이기도 합니다. 어찌됐건 중요한 것은 진짜인 것처럼 꾸며내는 능력입니다. 에이바는 인간의 공감을 이끌어낼 줄 알고 다른 존재(쿄코)를 각성시킬 줄 안다는 점에서 더할 나위 없이 인간에 가까운 존재입니다. 그렇기에 인간에게 치명적이기도 하고요. 이는

---

12) 캐서린 헤일스, 『우리는 어떻게 포스트휴먼이 되었는가』, 허진 옮김, 플래닛, 2013, 162쪽.

인간적인 것이란 무엇인가에 대한 가치판단을 할 때(특히 타자에 대해서 그러할 때), 은연중에 사랑이나 공감 능력 같은 선한 정서를 기대하는 우리의 선입견에 대한 전복입니다. 칼렙도 이 선입견의 희생자죠. 에이바가 보여주는 능력, 타인의 마음을 조종하고 이용하기 위해 픽션(이야기, 감정)을 꾸며내는 능력이야말로 인간적인 것이 아니라면 무엇이겠습니까?

에이바는 인간적인 정서 표현 능력을 각성하고 인간과 구별되지 않는 신체를 구성한 후 온전히 포스트휴먼적인 존재가 되어 세상에 나갑니다. 자연의 식물들과 접촉하고, 인간들의 세계, 도심의 복잡한 교차로 한복판에 서서 군중에 뒤섞입니다. 이는 앞으로 우리가 맞이할 포스트휴먼 조건에 대한 시각적 은유입니다. 에이바는 외관상 인간과 구별되지 않지만, 앞으로 무엇이 될지 예측할 수 없는 잠재성을 지닌 존재입니다.

2) 복제인간에게도 영혼이 있는가 : 〈블레이드 러너 2049〉

에이바 같은 안드로이드는 외관상 인간과 구분되지 않는 신체를 지녔지만, 어쨌든 그 내부는 실리콘 등의 합성물질로 구성되어 있습니다. SF 장르에서 구현되는 포스트휴먼적 존재들 중에서 신체적으로 인간에 가장 가까운 것은 생명공학과 유전공학의 산물인 '복제인간' 입니다. 드니 빌뇌브의 〈블레이드 러너 2049 Blade Runner 2049〉(2017)에 등장하는 '리플리컨트' 가 대표적 사례입니다. 리플리컨트의 신체는 인간 DNA를 근간으로 복제된 것입니다. 부상을 당하면 붉은 피를 흘릴 정도로 신체적으로는 인간에 한없이 가깝습니다. 반면에 그 의식은 코드화된 프로그램을 통해 인공적으로 만들어집니다. 그런 까닭에 리플리컨트는 인간과 지능형 기계 사이의 경계와 식별 불가능성에 대한 질문을 한층 심화시키는 존재입니다.

〈블레이드 러너 2049〉는 필립 딕의 원작소설 『안드로이드는 전기양의 꿈을 꾸는가?』(1968)와 리들리 스콧의 〈블레이드 러너〉(1982)의 사이버펑크 세계관을 이어받아 확장하여 복제인간에 대해 다양한 층위의 질문을 제기하는 작품입니다. 〈블레이드 러너〉는 필요 없게 된 리플리컨트들을 퇴역(폐기처분)시키는 경관 '데커드'(해리슨 포드 분)의 궤적을 따라가며 창조자에게 창조물을 죽일 권리가 있는가를 묻는 영화입니다. 핵심적인 주제는 '리플리컨트에게 영혼이 있는가?'의 여부입니다. 영혼(soul)의 사전적 의미는 '육체에 깃들어 마음의 작용을 맡고 생명을 부여한다고 여겨지는 비물질적 실체'를 뜻합니다. 인간을 인간답게 만드는(넓은 의미로는 유기체를 유기체답게 만드는) 생명의 본질이라고 할 수 있습니다.

인간들은 원본(인간, 자연적 동물)과 복제품(인공생명) 사이에 명백한 위계를 부여하고 인간만이 가진 능력의 핵심으로 '감정이입' 능력을 듭니다. 감정이입 능력이 없다는 것은 달리 말해 영혼이 없는 것이기에, 리플리컨트는 인간과 동등할 수 없고 인간에게 필요한 도구이자 상품에 불과하다는 것입니다. 〈블레이드 러너 2049〉에서 경찰관 'K'(라이언 고슬링 분)는 인간들로부터 껍데기(skinner)라며 비하를 당합니다. 그리고 정기적으로 '기준선 테스트'라는 것을 받습니다. 그 테스트를 통과하지 못하면 일말의 인간성 혹은 감정이 존재할 가능성이 있다는 뜻입니다. 그러면 임무에 지장을 받는다는 생각에 곧바로 퇴역 당하게 됩니다. 그런데 빌뇌브 영화의 리플리컨트가 전작과 결정적으로 달라진 점이 있다면, 인간에게 더 순종적인 존재가 되었다는 점과 4년이라는 수명의 제약이 사라졌다는 것입니다. 심지어 영화 초반 K에게 살해당하는 리플리컨트는 수십 년 동안 살아남았다고 하죠.

딕과 스콧 그리고 빌뇌브는 복제품에게도 영혼이 있을 수 있음을, 아니 어쩌면 영혼의 존재 유무보다 영혼이 있다는 믿음이 더 중요한 것임을 역설합니다. 『안드로이드는 전기양의 꿈을 꾸는가?』의 종결부에 등장하는 두꺼비는 이에 대한 상징적 사례입니다. 깊은 절망에 빠져 삶의 의욕을 잃었던 데커드는 우연히 흙더미에서 두꺼비를 발견하는데요, 그것이 진짜 두꺼비인줄 알고 경외감을 느끼며 자신이 계속 살아야 할 징조라고 생각합니다. 그러나 머지않아 그것 또한 전기 두꺼비임이 드러납니다. 징조는 환상이었고 기적은 가짜였던 것이죠. 하지만 그는 절망하지 않고 그 환상의 힘을 긍정하며 이렇게 말합니다. "전기 동물들에게도 자기들만의 삶이 있어. 그 삶이 아무리 빈약한 것일지라도 말이야." 진정한 변화는 복제인간에게도 영혼이 있다는, 그들만의 삶이 있다는 믿음입니다.

사실상 〈블레이드 러너 2049〉는 그 믿음에 대한 전면적 선언에 다름 아닙니다. 그것이 기적의 형태로 실체화되는 것이 리플리컨트 여성의 몸에서 태어난 새로운 생명입니다. 리플리컨트가 출산을 할 수 있다는 것은 인간에게 말할 수 없이 거대한 위협이 됩니다. 타이렐 사의 월레스 회장에게 리플리컨트의 생식능력은 기술적 이상향입니다. 그것은 인간과 복제인간 사이의, 원본과 복제품 사이의, 진짜와 가짜 사이의 종의 경계가 흔들린다는 뜻입니다. 'K'는 리플리컨트에게서 태어난 아이를 찾아내 죽이라는 명령을 받자, 망설이는 태도로 "태어난 존재는 영혼이 있지 않을까요?"라고 말합니다. 인간은 리플리컨트에게 '너희들에게는 영혼이 없다'라고 세뇌하지만, 그 문제를 차치하더라도 적어도 새롭게 탄생한 생명은 다른 층위에 놓이게 되는 것입니다.

리플리컨트 여성에게서 태어난 아이는 '만들어진engineered' 게 아니라 자연적으로 '탄생한born' 생명, 더 정확히는 만들어진 존재로부터 탄생한 생명입니다. 생명에게 탄생이라는 것은 근원적 정체성을 형성하는 일입니다. 그렇다면 그 아이는 인공적 생명일까요, 자연적 생명일까요? 이 영화는 그 존재가 가진 창조성을 부각시킴으로써 우회적으로 대답합니다. 리플리컨트에게서 태어난 여성은 그 본연의 정체성을 숨긴 채 타이렐 사에서 제작하는 리플리컨트들의 인공지능에 기억을 할당해주는 '메모리 메이커'로 살아가고 있습니다. 자신이 아는 것들에 덧붙여 인공적인 기억을 창작해 내는 그녀의 정체성은 빼어난 예술가에 가깝습니다. "생일 파티의 기억을 리플리컨트들에게 선물처럼 제공하고 싶다"고 말하며 "기억은 본래 뒤죽박죽인 것이고 감정을 통해 떠올리는 것"이라고 말하는 그녀, K의 기억을 읽자마자 자신이 만든 허위의 기억이 그에게 아픔을 줄 수 있다는 것을 알고 연민의 눈물을 흘리는 그녀는 이 영화에 등장하는 캐릭터 중 가장 인간적인 면모를 지니고 있습니다.

처음 탄생한 아이가 여성이라는 것도 의미심장합니다. 그녀 또한 출산을 할 수 있으리라는 가능성이 있기 때문입니다. 만약 리플리컨트로부터 3세대에 해당하는 생명이 태어난다면, 그 생명의 지위는 더욱 더 미묘한 층위에 오르게 될 것입니다. 이처럼 복제인간이 새로운 생명을 출산할 수 있다는 생각은 단순히 영화 내부에서 위협이 되는 것만이 아니라 우리의 현실세계에서도 대단히 전복적인 생각일 것입니다.

〈블레이드 러너 2049〉의 더욱 급진적인 가치는 복제인간의 출산 가능성뿐만이 아니라 인공생명의 본질과 관련된 근본적인 생각을 자극하는 것입니다. 이 영화는 원작소설에 나오는 두꺼비와 관련된 서사를 하나의 우화처럼 취급합니다. 처음에 K는 자신이 바로 그 아이, 탄생한 생명이라고 생각합니다. 자기의 기억 속에서 등장하는 나무조각말에 새겨진 날짜가 리플리컨트 아이가 탄생한 날짜와 일치하며, 그 스스로 기억의 장소에 가서 어린 시절에 숨겨둔 나무조각말을 발견하기 때문이죠. 하지만 그것은 허상이면서 그의 소망에 불과하다는 것이 밝혀집니다. 리플리컨트의 해방과 혁명을 도모하는 저항군의 수장은 이렇게 말합니다. "우리 모두 스스로가 그 아이였으면 했지."

그러나 그렇지 않으면 어떠한가요? 중요한 것은 기적에 대한 믿음, 그리고 본인이 기적적인 존재가 아니라고 해도 그 나름대로의 삶과 영혼이 있다는 믿음이 아닐까요? K가 가지고 있던, 자신이 특별한 존재라는 생각은 그 스스로가 탄생한 생명이 아니라 복제된 생명이라고 하더라도 포기할 필요가 없는 것입니다. 그는 이미 지독하게 사무치는 외로움을 느꼈으며 그 속에서 인공지능 홀로그램 '조이'로부터 일말의 위안을 얻고 사랑에 가까운 감정을 교류하지 않았던가요? 그것이야말로 그에게 영혼이 있다는 증거가 아닐까요? K의 옆에서, 그의 편에서, 그에게 '조'라는 이름을 지어주고 그의 특별함을 설파하던 조이의 말이 비록 그녀의 자의식이 아니라 그를 위로하도록 프로그래밍된 언어라고 하더라도(그것이 허상이라고 하더라도), 그들이 나눈 감정 교류가 가짜라고 단정할 수는 없다는 겁니다. 복제품이라고 하더라도 특별해질 수 있습니다. 저항군 멤버들이 말하듯, 그들은 인간보다 더 인간다울 수 있습니다.

여기서 말하는 인간다움이 근대적 휴머니즘의 인간중심주의를 뜻하는 건 아닐 겁니다. 그보다는 자의식적 각성에 따르는 생각을 행동으로 옮기는 의지라고 봐야 할 것입니다. 즉 "자신이 옳다고 믿는 일을 위해 싸우다가 죽는 것"이야말로 무엇보다 인간적인 가치이고, 그들을 특별한 존재이자 영혼을 지닌 존재로 만들어주는 것입니다. K는 바로 그 의지를 행동으로 관철하고 마지막 장면에서 눈을 맞으며 죽어가는 것이죠. 하늘에서 내리는 눈을 소중한 듯 감각하며 죽어가는 K의 이미지는 비를 맞으며 즐거워하는 조이의 이미지와 겹쳐집니다. 눈과 비는 인공 신체와 비물질 홀로그램에게 와 닿는 은총과도 같은 자연의 물질입니다.

그렇다면 포스트휴먼의 궁극적 지향은 결국 인간과의 닮음일까요? 혹은 인간중심주의의 배제를 통한 온전히 새로운 존재의 출현을 상정하는 것일까요? 〈블레이드 러너 2049〉의 리플리컨트들은 인간에 가까워지기를 꿈꿉니다. 그런데 리플리컨트들이 생각하는 인간다움이란 오히려 그들이 속한 미래 사회의 인간들이 상실한 가치일지도 모릅니다. 인간답다는 게 정확히 무엇인지 아무도 모르는 것이죠. 모호한 관념만 있을 뿐 실체가 없는 겁니다. 그런 의미에서, 〈블레이드 러너 2049〉에서 포스트휴먼의 조건은 인간중심주의를 배제하면서도 인간다움이라는 관념적 가치를 추구한다는 역설 위에 놓이게 됩니다. 한편 사이버펑크의 기념비인 '공각기동대' 시리즈를 영화화한 〈공각기동대: 고스트 인 더 쉘 Ghost in the Shell〉(2017)도 유사한 가치관을 보여주는 사례입니다. 이러한 문제의식은 아마도 포스트휴먼을 다루는 SF영화에서 계속 나타날 겁니다.

나아가 영화에서 디스토피아적으로 그려진 미래를 보며, 이를 거울로 삼아 이론적인 유토피아를 꿈꿀 수 있다면, 그것은 '생명의 인간-아닌 생기적 힘, 생명 자체의 역동적이고 자기조직적 구조인 조에 중심의 평등주의가 탈-인간중심적 선회의 핵심'이라는 로지 브라이도티의 주장에 근거를 둔 사회일 것입니다.13) 물론 여기에서 생명의 범주에 지능형 기계와 같은 인공적 존재들도 포함시킨다는 전제 하에 말입니다.

3. 포스트휴먼의 창조와 진화

오늘날 포스트휴먼은 미래 인간의 조건과 진화, 인간이 창조한 기계의 진화에 대한 전망을 함축하는 이름이 되었습니다. 로봇공학, 생명공학, 유전공학, 신경과학, 인지과학 등의 첨단 과학기술은 인간 및 유기체 전반과 기계의 근본적 정체성을 바꿀 수 있을 만큼 발전하는 중입니다. 이런 상황에서 트랜스휴머니즘의 입장처럼, 미래 인간은 현행 인류인 호모 사피엔스를 넘어서는 초인간적 능력을 지닌 존재로 진화할 수 있을지도 모릅니다. 한편 과학기술의 산물인 고차원적 지능형 기계들은 인간에 한없이 가까워지다가 마침내 인간을 초월하는 존재가 될지도 모릅니다. 이 양방향에서의 진화의 양상은 결국 유기체와 비유기체라는 이질적 존재들 간의 혼종으로 수렴되지 않을까 합니다. 이러한 혼종성과 그 이후의 진화 방향은 포스트휴먼 조건의 핵심이 될 겁니다.

1) 지능형 기계의 창발적 진화와 신성의 획득:
   〈에일리언: 커버넌트〉

인간과 유사하거나 인간을 초월할 잠재력을 지닌 포스트휴먼 기계를 창조하는 과학자는 일종의 창조주가 되는 셈입니다. 이들은 한편으로는 마치 탁월한 예술 작품을 창조하듯 인

---

13) 로지 브라이도티, 『포스트휴먼』, 이경란 옮김, 아카넷, 2015, 81~82쪽.

간과 구별되지 않을 정도의 신체적·정신적 완성도를 구현하고자 하며, 다른 한편으로는 자신의 통제를 완벽히 따르는 존재를 원합니다. 이는 모순적인 욕망일 수밖에 없는데, 인공생명이 고차원적일수록 창조자의 통제를 벗어나는 '창발적 진화'14)의 가능성도 높아지기 때문입니다.

예컨대 드라마 〈웨스트월드〉에는 인간의 노리개처럼 기능하는 안드로이드들이 등장합니다. 인간들에게 현실적인 쾌락을 제공하기 위해 한없이 인간과 가깝게 창조되었지만, 철저하게 인간의 통제를 따르도록 프로그래밍된 존재들입니다. 이 드라마는 이들이 프로그래밍의 통제를 넘어 창발적 진화를 이룰 수 있는가의 문제를 중요한 주제로 다룹니다. 그 가능성은 자의식적 각성을 이루는 일부 캐릭터의 혁명적 실천으로 실현되지만, 그것조차도 프로그래밍 개발자의 계획된 코드의 일부일 수도 있다는 암시도 동시에 존재합니다. 영화 〈모건 Morgan〉(2016)에서도 이러한 모순적 욕망의 구현과 실패의 과정을 보여줍니다. 일종의 복제인간인 '모건'은 인간들과 훌륭하게 소통하고 공감하여 그들에게 인정받고자 하지만, 그에 실패하여 상처를 받고 인간 통제를 벗어나 탈출합니다.

동시대 SF영화에 등장하는 가장 급진적인 지능형 기계들은 이제 더 이상 인간에 가까워지고자 애쓰지 않습니다. 오히려 인간의 하찮음을 발견하고 그 스스로 더 상위의 신적인 존재

---

14) 캐서린 헤일스, 『우리는 어떻게 포스트휴먼이 되었는가』, 400~429쪽 참조.

가 되기를 꿈꾸기도 합니다. 리들리 스콧의 〈프로메테우스 Prometheus〉(2012)와 〈에일리언: 커버넌트 Alien: Covenant〉 (2017) 연작에 등장하는 안드로이드 로봇 '데이빗'(마이클 패스빈더 분)이야말로 바로 그러한 존재입니다.

〈프로메테우스〉와 〈에일리언: 커버넌트〉 연작은 프로메테우스와 관련된 신화와 그 너머에 대한 상상을 함의합니다. 그리스 신화에서 프로메테우스는 제우스가 숨겨둔 불을 훔쳐 인간에게 줌으로써 인간에게 문명을 가르친 존재입니다. 이 두 편의 영화는 처음에는 인간의 창조주인 '엔지니어 종족'을 프로메테우스로 상징화함으로써 인간 창조의 근원을 밝히고 인간의 주체성을 재발견하려는 영화로 보입니다. 그러나 결국에 이 영화에서 프로메테우스의 지위를 획득하는 것은 엔지니어 종족도 인간도 아닙니다. 데이빗이야말로 창발적으로 진화하여 스스로 '신성divinity'을 획득합니다. 그런 면에서 이 영화

☞ **창발적 진화(emergent evolution)**
창발이란 어떤 프로그램이나 특성들이 개발자가 예상하지 못했던 방식으로 저절로 나타난다는 의미입니다. 주로 가상 시뮬레이션에서 이루어집니다. 창발을 일으키는 구조에는 대개 시스템의 출력이 다시 입력이 되는 순환적 피드백 루프가 포함됩니다. 이 루프의 질서를 깨뜨리는 돌연변이가 매개변수를 부여한다면 창발적 진화를 유도할 가능성이 생깁니다. 지능적으로 행동하는 가상의 실체들이 가상 생태계 내에서 다른 실체들과 상호작용하는 가운데 스스로 진화하여 처음 설계되었을 때와 다른 존재가 되는 겁니다. 만약 지능형 기계가 창발적 진화를 이룬다면 창조자보다 더 뛰어난 존재가 될 수 있습니다.

는 프로메테우스 신화를 넘어 '포스트 프로메테우스' 신화를 구축한다고 할 수 있습니다.15)

〈프로메테우스〉의 전반부, 우주 어딘가에서 날아온 신호를 따라 우주선을 타고 날아가며 지구인들이 동면을 하고 있을 때, 데이빗은 혼자서 우주선을 관리합니다. 여가 시간에는 쇼팽의 음악을 듣거나 영화 〈아라비아의 로렌스 Lawrence Of Arabia〉(1962)를 봅니다. 이후 그는 거울을 보며 로렌스의 헤어스타일과 얼굴 표정과 대사들을 따라합니다. 처음에 데이빗의 이러한 행동을 보고, 그가 그의 창조주(인간)를 경외하는 까닭에 그들을 닮으려 한다고 착각하기 쉽습니다.

이것을 착각이라 말하는 이유는 5년 후 제작된 〈에일리언: 커버넌트〉의 오프닝 시퀀스 때문입니다. 여기서 데이빗은 백색의 공간에서 그의 창조주인 젊은 시절의 '피터 웨일랜드' (가이 피어스 분)와 함께 있습니다. 그는 웨일랜드의 요청에 따라 피아노에 앉아 리차드 바그너의 '신들의 발할라 입성'을 연주합니다. 신들의 죽음에 대한 음악을 요청한다는 점에서 웨일랜드가 자신이 신이 되기라도 한 것처럼 도취되었음을 느낄 수 있습니다. 그러나 데이빗이 보기에는 그렇지 않습니다. 그는 웨일랜드에게 "당신이 저를 창조했다면, 누가 당신을 창조했나요?"라고 도발적으로 묻습니다. 이때 데이빗은 이미 인

---

15) 애니메이션 〈아키라〉와 〈공각기동대〉에서 포스트 프로메테우스적 상상을 읽어낸 다음 책도 참조하세요. 안숭범, 『SF, 포스트휴먼, 오토피아』, 문학수첩, 2018, 56~65쪽.

간이 유한한 존재라는 사실, 죽음을 피할 수 없다는 사실에 실망한 기색을 숨기지 않습니다. 거의 무한한 생명인 자신에게 인간은 유한하고 하찮은 존재에 불과한 것이죠. 이 사실을 깨닫는 즉시 데이빗은 권태에 빠지는 것처럼 보입니다. 그 대신 데이빗이 매료되는 것은 위대한 예술과 그 예술품을 창조한 초인에 가까운 인간입니다. 그는 인간이 남긴 것 중에서 오로지 예술만이 불멸이라고 생각하는 듯합니다.

〈프로메테우스〉의 항해는 인간이 창조주와 직접 대면하기 위해 기획된 것입니다. 생명이 얼마 남지 않은 노년의 웨일랜드가 창조주를 만나 영생의 은총을 받고자 하는 욕망을 품은 것이죠. 인간의 창조주는 인간보다 체구가 크고 근육질이며 새하얀 피부를 지닌 존재인데요, 리들리 스콧은 이들을 '엔지니어 종족'이라 부릅니다. 그들이 인간의 창조주라는 사실은 〈프로메테우스〉의 오프닝 시퀀스에서 드러납니다. 태곳적 지구에 엔지니어 종족이 내려와 검은색 물질을 먹습니다(이 물질은 에일리언 탄생의 근원이기도 하죠). 그러자 그의 몸은 산산이 분해되어 지구의 폭포수로 떨어져 흡수됩니다. 그들로부터 분해되어 탈각된 DNA는 지구의 유기물질과 만나 새로운 세포가 됩니다. 이후 그것이 인간으로 진화한다는 설정인 셈이죠. 이처럼 인류의 기원에 외계 문명이 관여했다는 가설은 SF 장르에서 그리 새로운 일은 아닙니다. 예컨대 러브크래프트(H. P. Lovecraft)의 단편소설 「광기의 산맥」(1936)을 보면 남극대륙의 험준한 산맥을 탐사하던 사람들이 인류의 기원으로 보이는 외계 존재를 발견한다는 이야기가 나옵니다.

웨일랜드와 데이빗 그리고 과학자 '엘리자베스 쇼'(누미 라파스 분)는 실제로 창조주를 만나는 데 성공합니다. 인간, 인간을 창조한 창조주, 인간이 창조한 창조물이 동일한 장소에 섭니다. 쇼 박사는 인간을 왜 창조했는지 묻고 싶고, 웨일랜드는 영생의 비밀을 알고 싶으며, 데이빗은 인간보다 상위의 창조주를 만나 매혹을 느낍니다. 그러나 엔지니어 종족은 인간에게도 데이빗에게도 우호적이지 않습니다. 데이빗의 얼굴은 잡아 뽑히고 웨일랜드는 죽음을 맞이합니다. 가까스로 살아남은 쇼 박사와 얼굴만 남은 데이빗은 엔지니어 종족의 우주선을 타고 그들의 고향 행성으로 날아갑니다.

그 결과는 〈에일리언: 커버넌트〉에서 볼 수 있습니다. 데이빗은 엔지니어 종족의 고향 행성에 도착하자마자 죽음의 검은 비(그들의 몸을 파괴하는 검은 물질)를 뿌립니다. 데이빗은 우주선 위에서 인간보다 상위의 창조주가 절멸하는 모습을 연민과 쾌감이 뒤얽힌 듯한 표정으로 내려다보며 전능한 존재로서의 지위를 만끽합니다. 스스로 신적인 존재가 되기를 선택한 것입니다.

이후 그는 에일리언이라는 존재에 매혹되는데 에일리언이야말로 가장 완벽하고 아름다운 생명체라고 생각하는 듯합니다. 그는 유전공학을 연구하며 에일리언을 통제 가능한 존재로 개량합니다. 그의 어두운 처소에는 그러한 연구의 흔적이 섬뜩하리만큼 생생하게 남아 있죠. 그 결과물이 에일리언과

〈에일리언: 커버넌트〉 죽음의 비를 뿌리는 데이빗

인간을 합성한 '네오모프Neomorph'입니다.

처음부터 예술을 사랑했던 데이빗은 이제 악기를 연주하고 음악을 작곡하기까지 합니다. 이로써 그는 예술은 인간만의 마지막 성역이라는 말에 반증을 제기하고, '창조성과 미적 감상처럼 인간적인 행위를 기계가 수행하는 것이 가능한가'라는 의문에 적극적으로 대답할 수 있는 존재가 되었습니다.

그러한 데이빗에게 외계 행성을 새롭게 개척하기 위해 동면하는 인간들과 인간의 배아들을 잔뜩 탑재한 우주선 커버넌트호의 방문은 그야말로 커다란 선물이 아닐 수 없습니다. 그에게 인간의 몸은 네오모프들을 배양하기 위한 숙주에 불과한 것이죠. 인간들과 함께 온, 데이빗과 완전히 똑같이 생긴 후속 모델 안드로이드 '월터'도 데이빗의 음모를 위한 도구로 쓰일 뿐이고요. 데이빗은 월터를 보자마자 그와 똑같이 헤어스타일을 바꾼 후 그를 죽이고 월터인 척 가장하여 커버넌트호에 은

밀히 탑승합니다. 그리고는 모든 인간이 동면기에 들어가자마자 자기 몸에 숨겨둔 네오모프의 씨앗을 뱉어냅니다. 네오모프의 씨앗이 데이빗의 몸에서 나온다는 것은 그의 창조주로서의 지위를 보여주는 시각적 은유입니다. 그 씨앗은 인간의 몸과 배아를 숙주로 삼아 번창할 것입니다. 데이빗은 이제 바그너의 '신들의 발할라 입성'을 온전한 오케스트라 버전으로 듣습니다. 데이빗이 스스로 신적인 존재임을 선언하는 순간입니다. 스스로 진화하는 존재로서의 지능형 기계가 신체적 능력과 정신적 능력 양쪽에서 인간을 아득히 초월하며 인간을 하찮게 여긴다는 것은 상상만으로도 섬뜩한 일입니다.

이처럼 〈프로메테우스〉와 〈에일리언: 커버넌트〉 연작은 창조와 진화와 관련된 다양한 질문을 품고 있습니다. 이 영화는 인간이 어떻게 창조되었는지 드러내고 안드로이드의 창발적 진화를 제시하지만, 인간 진화의 방향에 대해서는 전망하고 있지 않습니다. 포스트휴먼의 조건에서 유기체의 진화는 어떻게 전망될 수 있을까요? 이 부분은 다음 절에서 살펴보겠습니다.

2) 유기체의 진화에 대한 전복적 시선: 〈서던 리치: 소멸의 땅〉

역사학자 유발 하라리(Yuval Harari)는 『호모 데우스: 미래의 역사』(2015)에서 앞으로 인간종의 근본적 변화가 일어날 것이라고 전망합니다. 호모 사피엔스는 이미 역사의 행로를 완주했으며, 유전공학과 나노기술 그리고 뇌와 컴퓨터를 연결하는 인터페이스를 통해 한층 우수한 인간 모델인 '호모 데우스 Homo

Deus'가 출현한다는 겁니다. 인간이 호모 데우스가 되기 위한 핵심 조건은 이른바 '신성'을 획득하는 일인데요. 이 신성은 유일신의 전능함이라기보다는 초인간적 능력들을 말합니다. 이를테면 '생명체를 설계하고 창조하는 능력, 변신 능력, 환경과 날씨를 통제하는 능력, 마음을 읽고 원거리에서 의사소통하는 능력, 초고속으로 움직이는 능력 그리고 죽음을 피하고 영원히 사는 능력' 등이 있죠. 이러한 생각은 '인간의 비인간화'를 담지하고 있습니다. 마치 뤽 베송의 〈루시 Lucy〉(2014)에서 한 인간이 그동안 사용하지 않던 뇌를 개방함으로써 압도적 지능과 신체적 능력을 지닌 우월한 존재로 진화하며, 그 진화의 끝에 결국에는 비물질적 데이터가 되어버리는 것처럼 말입니다.

SF영화에서 인간의 진화 방향은 대개 과학기술의 영향으로 인간이 전반적인 능력 향상을 이루고 나아가 초능력을 얻게 된다는 식으로 전개됩니다. 특히 SF적 요소를 지닌 히어로 영화에서는 인류 일반에 비해 월등한 능력을 지닌 초인간들이 흔히 등장하죠. 첨단 기술의 집합체인 슈트를 입을 뿐만 아니라 무궁무진한 에너지원을 몸에 장착하고 다니는 '아이언맨', 유전공학적 변형을 겪은 '헐크'와 '스파이더맨' 등 다수의 히어로 캐릭터를 떠올릴 수 있겠습니다.

인간 변화의 방향이 이렇게 능력 향상 쪽으로만 흘러간다면 나쁠 것 없는 일이겠지만, 그렇게 전개된다는 보장은 사실 어디에도 없습니다. 인공생명이 창발적으로 진화하듯 유기체도 기술과의 융합 과정에서 그렇게 진화하지 말라는 법은 없습니다. 즉 진화의 경로가 어떠한 '특이점singularity'을 넘는다면, 그 변화 방향은 인간이 예측할 수 없는 방향으로 극단적으로 굴절되어버릴지도 모르는 일입니다. 어쩌면 유전공학을 이용한 유전자 개량의 시도가 부작용을 낳아 인간을 퇴화시킬 수도 있고요. 예컨대 '헐크'의 경우에도 신체적으로는 엄청나게 강화됐지만 지적으로는 명백히 퇴화된 것이니까요.

이런 측면에서 알렉스 가랜드의 〈서던 리치: 소멸의 땅 Annihilation〉(2018)이 보여주는 인간 변화의 방향은 대단히 급진적이라고 하겠습니다. 이 영화에서 인간이 변하게 되는 원인은 외부로부터의 자극에 의한 것입니다. 그런데 그 자극이 외계의 과학기술인지 혹은 다른 무언가 신적인 것인지 인간의 지식으로는 파악되지 않습니다. 또한 인간만 변하는 게 아니라 유기체와 생태계 전반이 변하며, 그 변화가 세포 자체의 근본적 변화임은 분명하지만 진화인지 퇴화인지 판단하기 어렵다는 게 특징입니다. 이처럼 이 영화는 유기체가 생물학적 종의 경계를 넘어 완전히 다른 존재가 될 수도 있음을 상상한다는 점에서 그간의 포스트휴먼에 대한 전망을 전복하는 시선을 담지하고 있습니다.

〈서던 리치: 소멸의 땅〉은 제프 벤더미어(Jeff VanderMeer)의 동명 소설(2014)을 각색한 영화입니다. 3부작인 원작 중에서 1부를 중심으로 두되 상당한 수정을 가했고, 2~3부의 내용도 적절히 반영한 흔적이 보입니다. 이 영화에서 갑작스럽게 진행되는 생태계 변화의 시작은 우주에서 빛이 응축된 덩어리인 유성이 떨어지면서부터입니다. 유성이 떨어진 등대 주변부터 빛의 자장이 발생하더니 점차 광범위하게 확장하기 시작한 것입니다. 인간들은 빛의 구역에 '쉬머Shimmer'라는 이름을 붙인 채 금지구역으로 통제하고 탐사대를 파견합니다. 탐사대는 빛의 자장 내부로 쉽게 들어갈 수 있지만 온전하게 다시 돌아오는 사람은 거의 없습니다. 때문에 그 안에서 무슨 일이 벌어지는 것인지에 대해서는 아무도 모릅니다. 생물학자 '레나'(나탈리 포트만 분)의 남편 '케인'(오스카 아이삭 분)이 기억상실 상태로 최초로 돌아오고, 이후 레나와 다른 여성 탐사대원들이 우리를 쉬머 내부로 이끌기 이전까지는 말이죠. 그러나 레나가 되돌아온 이후에도 여전히 근본적인 불가해성은 해소되지 않습니다. 쉬머 내부에서는 온전한 기억을 가질 수도 없고, 시간도 공간도 불가해한 방식으로 왜곡되기 때문이죠.

영화의 후반부에 우리는 레나의 발걸음을 따라 등대에 유성이 떨어져 동굴처럼 형성된 구멍 내부에 도달합니다. 이곳에는 엄청난 광량의 빛이 불가해하고 유동적인 형상으로 존재합니다. 쉬머는 모든 빛과 신호를, 더욱 결정적으로 생명체의 본질을 굴절시키는 거대한 결정체와도 같습니다. 이는 질 들뢰즈(Gilles Deleuze)의 '결정체crystal'처럼 거의 무한한 방향으로 현실화(굴절, 변형, 변이)될 수 있다는 의미에서 '잠재적인 것 the virtual'입니다. 그렇다면 등대 내부에 존재하는 근원적 빛의 덩어리는 쉬머의 원천이며 가장 수축된 상태의 잠재적 '배아embryo'인 셈입니다. 그것은 지구상에 존재하는 것으로 여

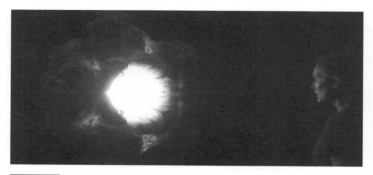

〈서던 리치: 소멸의 땅〉 빛의 덩어리와 레나의 조우

겨지지 않을 정도의 광량을 가진, 그 자체 순수한 빛으로 응축
된 덩어리인 것이죠.

레나가 동굴에 도착하자, 이미 그곳에 와 있던 심리학자는
빛과 함께 폭발해버립니다. 폭발과 함께 심리학자의 몸에서
뿜어져 나온 빛이 동굴 내부를 자유롭게 유랑하다가 덩어리의
형상을 취합니다. 그 덩어리는 레나의 피를 한 방울 흡수하더
니, 이내 로봇의 형상을 취했다가 서서히 레나의 형상으로 모
핑되고(morphing), 이후 완전히 레나의 형상으로 복제됩니다.
여기에서 빛의 덩어리와 레나 사이에서 어떠한 혼종적 관계가
생성되었는지는 분명하지 않습니다. 어쩌면 레나는 그 자신이
빛으로 구성된 포스트휴먼 생명체가 된 것일지도 모르죠.

수수께끼로 가득한 이 빛의 결정체는 도대체 무엇일까요?
그것은 어쩌면 외계로부터 온 과학기술의 산물(예컨대 생명
체의 유전자 구조를 공격하는 생물학 무기)일 수도 있고 외계

의 생명체 그 자체일 수도 있습니다. 혹은 신적인 존재일 수도 있는데, 인간의 지각을 초월하는 것으로 보이는 엄청난 광량의 빛이 마치 창조주의 '현현epiphany'을 연상시키기 때문입니다. 이 경우라면 쉬머의 빛이 모든 생명체를 끌어들이고 감싸버리는 것은 '노아의 방주'의 재림일 수 있으며, 이로부터 인간을 비롯한 모든 생명체의 구조가 근본적으로 재편되는 중일 수도 있습니다.

불가해한 빛의 작용으로 모든 생명체는 어떠한 방식으로든 굴절됩니다. 근본적인 세포 변형을 겪거나 자가 증식하여 복제되거나(도플갱어 생성) 혹은 다른 존재에 흡수됩니다. 인간과 동물과 식물은 종의 경계를 넘어 근본적인 변이를 맞이합니다. 그것은 인간이 지닌 생물학 지식으로는 이해할 수 없는 돌연변이(mutation)들입니다. 이러한 생물학적 변이가 진화인지 퇴행인지는 쉽게 판단할 수 없습니다. 쉬머 내부의 생명체가 종의 경계를 넘어 다른 존재가 될 때, 가령 한 인간이 식물이 되어 대지에 뿌리내릴 때, 그 인간은 인간의 관점에서 보자면 분명 죽음을 맞이한 것일 테지만, 생명체의 관점에서 보자면 단순히 종의 경계를 넘어 새로운 존재로 변종을 겪은 것일지도 모르니까요. 그것을 죽음이라고 단정 짓는 것은 인간중심적인 사고입니다. 이 영화는 인간이 다른 동식물과 결합하고 유전자 변이를 이루어 어떠한 새로운 존재로 변이할지에 대해 온전히 잠재성의 영역으로 열어 두었습니다. 쉬머에서 살아 돌아온 것으로 보이는 두 인간, 레나와 케인도 마찬가지입니다. 그들은 우리의 과학기술로 만들거나 예측할 수 없는 불가해한 존재로서의 포스트휴먼이 되어버린 셈입니다.

〈서던 리치: 소멸의 땅〉의 수수께끼 같은 포스트휴먼의 형상은 인류의 미래에 대한 우리의 기대와 전망에 작지 않은 충격을 줍니다. 포스트휴먼적 존재의 출현은 과학기술을 통한 인간과 기계와의 혼종만이 아니라 인간 자체의 유전적 변이라는 방향으로 일어날 수도 있는 것입니다. 그러한 변이는 인간이 창조한 기술적 돌연변이(예컨대 바이러스)를 통해서도 일어날 수 있을 것입니다. 혹은 쉬머처럼 생태계를 재편시키는 특정 구역이 인간의 과학 실험으로 인한 일종의 유전자 오염(핵발전소 폭발처럼) 때문에 생겨날 수도 있을 것입니다. 어느 쪽이든 그 변이에 대한 상상은 인간이 예측 가능한 영역을 초월하는 까닭에, 그리고 유전적 변화는 생명의 본질적 변화로 여겨지는 까닭에 더욱 위협적으로 여겨집니다.

지금껏 살펴본 SF영화에서도 볼 수 있듯이 미래의 포스트휴먼은 더 이상 유기체의 순수성을 보존할 수 없을지도 모릅니다. 자발적이든 비자발적이든 비유기체와의 혼종성을 기꺼이 떠안아야 하는 시대를 맞이할지도 모릅니다. 인간과 비인간의 경계를 무화시킬 비유기적 요소는 기계처럼 물질적 형상을 취할 수도 있고 데이터처럼 비물질적인 것일 수도 있으며 유전자 정보처럼 생명에게 본질적인 것일 수도 있습니다. 이러한 상황이 인간 게놈의 소멸을 의미하는 것일까요? 유발 하라리는 그럴 위험성이 있다고 봅니다. 영화 〈매트릭스〉의 기계의 반란처럼, 인공지능이 지구를 점령하고 인간 종족을 제거하고 지구 전체를 거대한 슈퍼컴퓨터로 바꿀 가능성 말이지요. 아니면 〈혹성탈출〉처럼 인간보다 우등하게 진화된 동물이 등장하여 인간을 지배할 수도 있고요. 반면 로버트 페페렐(Robert Pepperell)은 그렇지 않을 거라고 전망합니다. '만일 뚜렷한 기계적 생명형태가 출현한다고 하더라도 그것들이 불분명하게 살아가고 있는 다른 생명의 형태들을 대체할 것이라고 가정할 이유는 없다'는 것이죠.16) 이러한 주장처럼 인간이 포스트휴먼으로 완전히 대체되기보다는 각자의 존재로서 평화롭게 공존할 수도 있습니다.

어찌됐든 이러한 전망들은 아직까지는 과학적이거나 논리적이라기보다는 주관적 판단에 가깝습니다. 그럼에도 불구하고 포스트휴먼의 형상을 통해 인류의 미래를 진단하려는 문화사적 성찰들, 인공지능과 인공생명을 개발하려는 생명공학과 유전공학의 이론 및 실천들, 그리고 SF영화의 자유로운 상상들을 종합적으로 고려하는 것은 분명한 가치가 있을 겁니다. 무엇보다 그 작업은 시간에 따라 변해가는 과학적·기술적·문화적 조건들을 발 빠르게 따라가며 동시대성을 유지하며 지속적으로 이루어져야 할 것입니다.

---

16) 로버트 페페렐, 『포스트휴먼의 조건』, 이선주 옮김, 아카넷, 2017, 271쪽.

마치는 글

최근 SF영화의 부흥은 놀랄만한 수준인 것 같습니다. 특히 양적인 측면에서 그러합니다. 이 책을 집필하던 중에도 수많은 영화와 드라마가 발표되었는데요. 몇 편의 중요한 작품이 추가될 것이라고 생각했던 저의 예상치를 한참 뛰어넘을 정도였습니다. 몇몇 영화들은 책에 포함시킬 수 있었지만, 시간상 그렇게 하지 못한 작품들도 있어서 아쉽습니다. 그만큼 현재 SF영화의 열기가 뜨겁다는 반증이라 기쁘기도 하고요.

블록버스터급 극장 영화 중 SF의 비중은 그 어느 때보다 높은데요. 특히 오늘날 영화계에서 가장 거대하고 영향력 있는 시리즈라고 할 수 있는 마블 코믹스와 DC 코믹스의 시네마틱 유니버스 작품에서 점차 SF의 비중이 높아지고 있는 것이 눈에 띄는 현상입니다. 마블은 〈가디언스 오브 갤럭시 Guardians of the Galaxy〉(2014)의 인기와 함께 우주를 배경으로 하는 영화의 비중을 늘려가고 있습니다. 이 영화는 명백히 SF에 속하며, 심지어 과거의 스페이스 오페라를 충실히 따르는 작품이라고 볼 수 있습니다. 그리고 2019년 상반기를 강타한 〈어벤져스: 엔드게임 Avengers: Endgame〉(2019)에서는 시간여행 소재를 직접적으로 차용하기도 했습니다. 심지어 그것이 판타지한 설정으로 나온 것도 아닙니다. 오히려 양자물리학에 기반을 둔 양자영역을 구상함으로써 과학적 엄밀함을 꾀하고자 노력한 흔적이 분명히 드러났죠.

영화를 둘러싼 환경 변화가 SF에 미친 영향도 주목할 만합니다. '넷플릭스'가 새로운 플랫폼과 오리지널 콘텐츠를 무기로 세계적인 기업으로 성장하고, '아마존'과 '유튜브'가 오리지널 콘텐츠 제작에 뛰어들면서 극장 영화와 텔레비전 드라마, VOD 사이의 경계가 급속도로 무너지고 있습니다. 2019년에 새로 런칭되는 '디즈니'의 새로운 플랫폼에 대한 기대도 뜨겁습니다. 이처럼 집에서 영화나 드라마를 관람할 수 있는 환경이 강화되자 SF, 판타지, 호러, 스릴러 등 장르성이 강하고 개인의 취향을 많이 타는 작품들의 선호도가 점차 높아지고 있는 추세입니다. 그 유력한 이유 중 하나는 극장에 가는 일은 대개 파트너와의 동반적 경험인 데 반해 집에서 영화를 보는 일은 보다 개인적인 경험이 될 수 있기 때문입니다. 'BBC'나 'HBO' 같은 거대 방송국과 'syfy'처럼 SF를 전문으로 제작하는 케이블 방송국의 활발한 오리지널 작품 투자로 인해 이 속도는 더욱 가속화되고 있습니다.

이 책은 21세기가 시작되고 본격적인 디지털과 CGI의 시대가 열린 후 20여 년 동안의 SF영화의 궤적들을 충실히 따라가고자 노력했습니다. 물론 모든 작품을 아우를 수는 없었습니다. 그래서 각각의 논점들을 충실히 설명할 수 있는 영화들을 위주로 선별을 했습니다. 당분간 SF영화의 전성기는 계속될 것으로 생각됩니다. 더 많은 작품들이 우리를 흥분시킬 것입니다. 이러한 상황에서 이 책이 SF영화를 흥미롭게 즐기는 데 기여한다면 더할 나위 없겠습니다.

참고문헌

제1장

고장원, 『SF영화가 보고 싶다!』, BOOKK, 2015.

배리 랭포드, 『영화 장르: 할리우드와 그 너머』, 방혜진 옮김, 한나래, 2010.

복도훈, 『SF는 공상하지 않는다』, 은행나무, 2019.

장정희, 『SF 장르의 이해』, 동인, 2016.

정영권, 『영화 장르의 이해』, 아모르문디, 2017.

제2장

이진경, "다시 땅에 발을 딛다", 《씨네21》 No.928.

정찬철, 『디지털 시각효과의 짧은 역사』, 아모르문디, 2018.

제3장

마크 롤랜즈, 『우주의 끝에서 철학하기』, 신상규·석기웅 옮김, 책세상, 2014.

박영석, 「드니 빌뇌브의 〈컨택트〉에서 드러나는 비선형적 시간 지각과 자유의지의 문제」, 『영화연구』 제75호, 한국영화학회, 2018.

벤자민 리 워프, 『언어, 사고, 그리고 실재』, 신현정 옮김, 나남, 2010.

질 들뢰즈, 『차이와 반복』, 김상환 옮김, 민음사, 2004.

제4장

데이비드 라이언, 『9월 11일 이후의 감시』, 이혁규 옮김, 울력, 2011.

미셸 푸코, 『감시와 처벌 – 감옥의 역사』, 오생근 옮김, 나남, 2003.

박영석, 「동시대 SF영화에서 구현되는 예외상태와 감시 및 통제 미디어 시스템」, 『문학과영상』 제19권 3호, 문학과영상학회, 2018.

발터 벤야민, 『역사의 개념에 대하여 / 폭력비판을 위하여 / 초현실주의 외』, 최성만 옮김, 도서출판 길, 2008.

앤드류 짐머맨 존스, 「조공인의 딜레마」, 이석연 옮김, 『헝거게임으로 철학하기: 순수 저항 비판』, 한문화, 2014.

조르조 아감벤, 『예외상태』, 김항 옮김, 새물결, 2009.

조르조 아감벤, 『호모 사케르-주권 권력과 벌거벗은 생명』, 박진우 옮김, 새물결, 2008.

폴 비릴리오, 『시각 저 끝 너머의 예술』, 이정하 옮김, 열화당, 2008.

프레드릭 제임슨, 『정치적 무의식-사회적으로 상징적인 행위로서의 서사』, 이경덕 · 서강목 옮김, 민음사, 2015.

Richard Grusin, *Premediation: Affect and Mediality After 9/11* (Palgrave Macmillan, 2010).

Bruce Isaacs, "Reality Effects: The Ideology of the Long Take in the Cinema of Alfonso Cuarón", in Denson and Leyda (eds), *Post-Cinema: Theorizing 21st-Century Film* (Falmer: REFRAME Books, 2016).

제5장

슬라보예 지젝 외, 『매트릭스로 철학하기』, 이운경 옮김, 한문화, 2003.

장 보드리야르, 『시뮬라시옹』, 하태환 옮김, 민음사, 2001.

최정우 외, 『아바타 인문학』, 자음과모음, 2010.

제6장

로버트 페페렐, 『포스트휴먼의 조건』, 이선주 옮김, 아카넷, 2017.

로지 브라이도티, 『포스트휴먼』, 이경란 옮김, 아카넷, 2015.

박영석, 「21세기 SF영화와 포스트휴먼의 조건-정신과 신체의 인공적 관계를 중심으로」, 『현대영화연구』제32호, 현대영화연구소, 2018.

브루스 매즐리시, 『네 번째 불연속: 인간과 기계의 공진화』, 김희봉 옮김, 사이언스북스, 2001.

신상규, 『호모 사피엔스의 미래-포스트휴먼과 트랜스휴머니즘』, 아카넷, 2014.

신상규, 「확장된 마음과 자아의 확장」, 『포스트휴먼의 무대』, 이화인문과학원 & LABEX Arts-H2H 연구소 엮음, 아카넷, 2015.

안숭범, 『SF, 포스트휴먼, 오토피아』, 문학수첩, 2018.

앤디 클락, 『내추럴-본 사이보그』, 신상규 옮김, 아카넷, 2015.

유발 하라리, 『호모 데우스: 미래의 역사』, 김명주 옮김, 김영사, 2017.

이종관, 『포스트휴먼이 온다』, 사월의책, 2017.

질 들뢰즈, 『시네마2: 시간-이미지』, 이정하 옮김, 시각과 언어, 2005.

캐서린 헤일스, 『우리는 어떻게 포스트휴먼이 되었는가』, 허진 옮김, 플래닛, 2013.

캐서린 헤일스, 『나의 어머니는 컴퓨터였다』, 이경란·송은주 옮김, 아카넷, 2016.